Für Lea, Philipp und für meine liebe Familie.
Für die Überlebenden des Völkermords an den Tutsi.

Für Jesus.

Marie Kresbach
mit Priska Lachmann

Steh auf, mein Kind, *und geh!*

Wie ich durch Gottes Stimme
den Völkermord an den Tutsi in Ruanda
überlebte und Freiheit fand

Inhalt

Hintergrund

Ab dem 7. April 1994 geschah in Ruanda das Unfassbare: Innerhalb von 100 Tagen töteten radikale Hutu rund eine Million Tutsi und oppositionelle Hutu. Diese radikalen Hutu werden „Interahamwe" genannt.

Marie lebte damals als Jüngste von zehn Geschwistern mit ihrem Vater Modeste und ihrer Mutter Agathe in einem kleinen ruandischen Dorf namens Giheke, ungefähr zwei Stunden Fußweg entfernt von der Stadt Kamembe. Zwei ihrer Geschwister, Placide und Justine, starben schon früh. Ihre älteste Schwester, Françoise, lebte zu diesem Zeitpunkt schon in Deutschland, und alle anderen Geschwister, Jeanne de Chantal, Jean Marie, Jean Paul, Bernadette, Stephanie und Jules, lebten zwar noch in Ruanda, aber nicht mehr zu Hause, da sie ein Internat besuchten und nur in den Ferien bei ihrer Familie waren.

Damit Marie sich nicht so allein fühlte als einziges Kind zu Hause, bekam sie oft Besuch von ihrer Cousine Mamy und ihren Freundinnen. Liebevoll wurde Marie von ihrer Familie und im ganzen Dorf nur „Cadette" genannt, was übersetzt „Jüngste" bedeutet. Als das große Morden begann, war sie gerade einmal neun Jahre alt...

Anmerkung: Einige Namen der Protagonisten wurden zum Schutz der Privatsphäre geändert.

TEIL 1
STEH AUF, MEIN KIND

*Von allen Seiten umgibst du mich
und hältst deine schützende Hand über mir. (...)
Als ich gerade erst entstand, hast du mich schon gesehen.
Alle Tage meines Lebens hast du in dein Buch geschrieben –
noch bevor einer von ihnen begann.*

Psalm 139,5+16

Kapitel 1

Die Blätter der Bananenstauden sind wie ein schützendes Dach über mir. Ich halte die Hand meiner Mama ganz fest – so fest, wie ich sie mit meinen neun Jahren nur halten kann. Meine Handknöchel treten weiß hervor und ich spüre, wie meine Mama mich ebenfalls krampfhaft festhält. Ich fühle mich sicher neben ihr und habe gleichzeitig Angst, sie zu verlieren. Unsere Füße wirbeln Staub auf. Ich laufe neben ihr. Schritt für Schritt. Ich setze einen Fuß vor den anderen. Hoffentlich stolpere ich nicht! Meine Mama läuft direkt neben mir. Ich spüre ihre Anspannung. Meine Füße scheinen den Boden kaum zu berühren, so elektrisiert bin ich. Ich schaue nur geradeaus, wage nicht, mich umzudrehen. Die Angst kriecht mir den Nacken hoch. Was wird passieren?

Ich höre meinen Herzschlag im Ohr, spüre, wie mir das Adrenalin, das durch meinen Körper pumpt, mehr Kraft gibt, als ich eigentlich besitze. Die Zeit scheint stehengeblieben zu sein. Wie in einem Tunnel gehen wir die ersten Schritte in die Bananenplantage. Hoffend auf ein Wunder. Plötzlich ertönt ein Schuss. Er ist so laut, dass es in meinen Ohren klingelt. Er hallt von den Hügeln wider und das Echo zeugt von dem traumatischen Ereignis, das gerade hinter uns passiert ist.

Ruanda nennt man auch „das Land der 1000 Hügel". Nun singen die Hügel ein entsetzliches Lied. Ich mache den Fehler und drehe mich nun doch um – und was ich in diesem Moment sehe, werde ich mein ganzes Leben nicht mehr vergessen können.

Sechs Monate vorher – Oktober 1993

Ich gehe in unsere Küche. Es riecht mal wieder verlockend gut hier! Meine Mama hilft unseren treuen Mitarbeiterinnen beim Kochen. Eine von ihnen rührt gerade in den großen Töpfen, die auf heißen Steinen stehen. „Was gibt es denn?", frage ich und stelle mich neugierig auf die Zehenspitzen, um einen Blick in die Töpfe werfen zu können. „Reis mit Isombe, dein Lieblingsessen", lächelt Mama mich an. Ich strahle zurück. „Oh, Mama, lecker! Soll ich Papa schon mal zum Essen holen?" Ich warte ihre Antwort gar nicht erst ab, sondern drehe mich gleich um und hüpfe leichtfüßig davon. Meinen Papa in dem großen Haus zu finden ist gar nicht schwer, denn man muss einfach immer nur den Klaviertönen hinterherlaufen, die eine Klangspur durchs ganze Haus legen.

Ich setze mich neben ihn auf den Klavierhocker und schaue bewundernd auf seine Finger. Sie sehen so aus, als hätten sie ein Eigenleben, während sie sich schnell über die weißen und schwarzen Tasten bewegen. Nachdem mein Papa die letzten Töne gespielt hat, verharren seine langen, schmalen Finger noch kurz auf den Tasten. Die Musik hängt noch im Raum, verhallt nur langsam. Ich bewundere ihn dafür, dass er sich das

Notenlesen und auch das Klavier spielen allein beigebracht hat.

„Na, Cadette", sagt er zärtlich und streicht mir liebevoll über den Kopf.

„Was hast du da gerade gespielt, Papa?", frage ich.

„Ein Stück von Beethoven. Das war ein sehr berühmter Komponist aus Deutschland."

„Aus Deutschland... Schön, dass meine große Schwester dort lebt!", antworte ich.

Verträumt schaut er auf die Klaviatur.

„Als deine Schwester in Deutschland früher einmal Urlaub gemacht und die großartigen klassischen Konzerte dort besucht hat, sagte sie danach zu mir, dass ich jetzt ein großer Dirigent wäre, wenn ich in Deutschland leben würde. Kannst du dir das vorstellen? Deutschland ist wirklich ein wunderschönes Land, Marie. Man nennt es auch ‚das Land der Dichter und Denker'." Er streicht sich über seinen Schnurrbart und lächelt mich an.

„Hier riecht es aber gut. Ist das Essen schon fertig?", sagt er schließlich.

„Ja, Papa. Ich wollte dich gerade holen. Es gibt Isombe! Lecker!" Ich nehme ihn an der Hand und gehe gemeinsam mit ihm ins Esszimmer.

„Marie, hast du dir schon die Hände gewaschen? Ansonsten mach das noch schnell", bittet mich Mama, und ich hüpfe beschwingt zum Wasserkanister. Dieser ist noch halbvoll. Ich drehe ihn auf und halte meine Hände darunter. Ich liebe es, wie das kalte Wasser an meinen Händen hinabläuft.

„Mama, gibt es noch Buttermilch vom Frühstück?", rufe ich und trockne mir die Hände am Handtuch ab. Buttermilch mag ich sehr, und die Milch kommt direkt von unseren eigenen Kühen. Aber noch lieber würde ich ja Schwarztee mit Milch und Zucker trinken wie die Erwachsenen, das darf ich jedoch leider noch nicht. Ich setze mich an den Holztisch und blicke meine Mama erwartungsvoll an.

„Buttermilch gibt es nicht mehr, Marie, aber du kannst nachher ein paar Orangen pflücken gehen. Die magst du doch auch so gern!"

„Okay, Mama." Zufrieden warte ich, bis mein Papa gebetet hat, dann fange ich genüsslich an zu essen. Orangen sind zwar kein Ersatz für meine geliebte Buttermilch, aber meine Mama will mich damit bestimmt ein bisschen trösten. Außerdem liebe ich unseren Garten mit all seinen Früchten und bin gern draußen.

„Du könntest dann direkt noch ein paar Avocados mitbringen, wenn du magst", sagt Papa zu mir, dann wendet er sich wieder seinem Gespräch mit Mama zu. Er spricht über seine Arbeit an der Hochschule, aber das interessiert mich nicht sonderlich. Ich genieße lieber mein Lieblingsessen und schaue aus dem Fenster.

Die Sonne strahlt vom wolkenlosen Himmel und ihr Licht bricht durch die vielen grünen Blätter der Bäume vor unseren Fenstern wie kleine Glitzerfäden, sodass ich die feinen Staubkörner im Raum tanzen sehen kann. *Hach*, denke ich. *Ich kann es kaum erwarten, rauszugehen.* Plötzlich fällt mir etwas ein.

„Papa", unterbreche ich den Redefluss meines geliebten Vaters, „denkst du daran, mir heute Abend die Geschichte von den Riesen im Wald weiterzuerzählen?"

Ich bemerke, dass die Stirn meines Papas eben noch sorgenvoll gerunzelt gewesen ist, doch er entspannt sich sofort und lächelt mich an: „Das würde ich nie vergessen, meine Kleine. Ich freue mich schon darauf." Zufrieden nicke ich, stecke mir den letzten Löffel Reis in den Mund und schiebe den leeren Teller von mir weg.

„Ich bin jetzt fertig. Kann ich schon aufstehen?" Meine Eltern nicken beide gleichzeitig. Sie scheinen in Gedanken ganz woanders zu sein. „Räum bitte noch deinen Teller ab, bevor du rausgehst." Meine Mama lächelt mich an. „Und kannst du bitte mal schauen, ob du noch ein paar Pullover übrig hast, die dir nicht mehr passen? In unserer Nachbarschaft gibt es ein paar Kinder, die noch etwas brauchen könnten." Ich nicke.

„Aber erst gehe ich raus", rufe ich und renne direkt aus der Esszimmertür hinaus ins Grüne.

Ich bleibe kurz stehen und atme den wunderbar süßen Geruch von Zitronen, Orangen und Guaven ein. Die Luft ist warm, aber nicht drückend.

In Ruanda hatten wir keinen klassischen Herd zum Kochen, wie man es aus Deutschland kennt, sondern wir kochten auf Steinen. Meine Mama half immer mit, aber wir hatten – wie viele Familien in Ruanda – einige Mitarbeiter im Haus, die viele Aufgaben übernahmen und eben auch für uns kochten. In unserem Fall war das auch sehr wichtig, weil wir viel Ackerboden und Kühe hatten und deshalb Unterstützung brauchten, um alle anfallenden Arbeiten bewältigen zu können. Die meisten Arbeiter übernachteten direkt bei uns in einem Nebenhaus. Da es oft Menschen ohne Vermögen waren, wurden sie von uns versorgt und waren für die Arbeits- und die Schlafmöglichkeit dankbar.

Langsam wird mir langweilig. Meine Cousine Marie Médiatrice, die ich meistens nur mit ihrem Spitznamen Mamy anspreche, sitzt schon gefühlte Ewigkeiten in ihrem Versteck. Sie ist so gut in diesem Spiel, dass ich sie einfach nicht finde. Nachdem wir vorhin stundenlang Seilhüpfen gespielt haben, wollten wir irgendwann lieber Verstecken spielen. Aber jetzt muss ich mir etwas einfallen lassen, um sie endlich aus ihrem Versteck zu locken. Ich bleibe kurz stehen und denke nach, dann kommt mir eine super Idee: Meine Oma wohnt im Haus gegenüber – wir könnten sie besuchen gehen!

Oma sieht schon total alt aus, finde ich. Aber sie ist noch richtig fit und arbeitet fleißig auf unseren Ackerböden mit. Ich schaue ihr sehr gern beim Arbeiten zu und wundere mich jedes Mal, wie sie mit ihren alten Knochen und grauen Haaren noch so viel Kraft haben kann. Und sie weiß so viel! Immer, wenn ich mal Bauchschmerzen habe, macht Oma mir ein ganz ekliges, schreckliches Getränk namens „Umuravumba". So heißt die Pflanze, die hier wächst und die darin verarbeitet wird. Sie ist gefühlt die Medizin für alles! Leider hilft dieses scheußliche Getränk tatsächlich ziemlich gut, deshalb bekomme ich es auch immer wieder. Aber heute habe ich keine Bauchschmerzen, also könnten wir, ohne ein ekliges Getränk zu bekommen, zu Oma gehen.

„Mamy? Mamy? Wollen wir zu Oma gehen?" Ich rufe in alle Richtungen, weil ich überhaupt keine Ahnung habe, wo sie stecken könnte. Plötzlich tippt mich jemand auf der Schulter an, und als ich mich umdrehe, steht sie direkt vor mir. Sie lacht mir breit ins Gesicht. „Hihi, hast du mich nicht gefunden? Klar können wir zu Oma gehen!"

Wir wollen gerade losgehen, als wir sehr aufgeregte, laute Stimmen aus unserem Haus hören. Ich bin neugierig, was da los ist, und schleiche mich näher heran. Mamy folgt mir. In einiger Entfernung bleiben wir stehen und sind ganz leise – in der Hoffnung, zu erfahren, was drinnen vor sich gehen mag.

„Es geht richtig ab", sagt eine mir unbekannte Stimme. Sie scheint einem Jungen zu gehören.

„Es war so schrecklich", schluchzt eine andere Stimme. Auch diese klingt wie die eines Jungen. Ich höre angespannt und mit großen Augen zu.

„Sie sind alle umgebracht worden", weint der zweite Junge. „Wir haben die Leichen gesehen." Dann bricht die Stimme ab.

„Ich weiß, ihr steht unter Schock", höre ich die beruhigende Stimme meines Papas, der weiß, dass wir nicht weit sein können. „Könnt ihr trotzdem versuchen, etwas leiser zu sprechen, bitte?"

„Aber Sie hätten es sehen müssen! Wir müssen in den Kongo, schnell! Wir müssen fliehen, sie kommen hierher!" Der erste Junge scheint die Worte meines Papas nicht gehört zu haben, denn er redet nur noch lauter und panischer. Die Tür unseres Hauses wird geschlossen und ich kann nichts mehr hören. Ich stehe verwirrt im hellen Sonnenlicht. Was habe ich da gerade gehört?

Ich fühle mich wie in einer Blase. Die Welt da draußen scheint eine andere zu sein als meine eigene. Ich drehe mich um und sehe, dass Mamy direkt hinter mir steht und ganz blass ist. Ich nehme ihre Hand und wir entfernen uns leise von meinem Haus. Nach Verstecken spielen ist uns jetzt wirklich nicht mehr zumute, aber wir können zu Oma gehen. Das wird uns ablenken.

Am Abend des nächsten Tages stehe ich mit meinem Rucksack und meinem Kater Puma vor der Haustür – fertig, um bei unseren Nachbarn zu übernachten. Papa hat uns heute Nachmittag zusammengerufen und gesagt:

„Wir müssen jetzt aufpassen und brauchen einen Plan." Er wirkte dabei ernst und schaute uns alle nacheinander an.

„Ich gehe davon aus, dass sie den Frauen und Kindern nichts tun werden. Aber trotzdem solltet ihr lieber nicht zu Hause sein, wenn sie kommen. Und ich vermute, das wird eher abends oder nachts sein. Deshalb möchte ich, dass ihr nachts verschwindet und bei den Nachbarn schlaft. Morgens kommt ihr wieder, und wir frühstücken zusammen, damit es nicht auffällt und wir uns wiedersehen."

Die Stille, die auf diese Worte folgte, schien ewig zu dauern.

„Aber Papa", sagte ich, „wo bleibst du denn?"

„Hier zu Hause, Cadette. Die Männer passen auf das Haus auf."

Doch nun ist alles doch noch einmal ganz anders gekommen. Ich bekomme mit, wie Papa zu Mama sagt: „Ich habe gehört, dass noch ein paar andere Menschen umgebracht wurden. Es wäre sicherer, wenn ihr draußen im Wald oder im Feld übernachten würdet."

Sie sprechen leise, aber ich verstehe sie trotzdem. Danach nimmt Mama mich an die eine, und meine Cousine Mamy an die andere Hand. Ich fühle mich dadurch sicher und getröstet.

Wir gehen also in den Wald. Mit uns kommen auch andere Frauen aus dem Dorf, die für mich beinahe wie Familienmitglieder geworden sind, weil sie jahrelange Freunde unserer Familie sind. Mein Papa und meine Brüder Jean Paul, Jean Marie und Jules, die über Ostern aus dem Internat zu uns gekommen sind, bleiben wie verabredet zu Hause, um Wache zu halten.

Im Wald angekommen, legen wir uns auf die Erde unter die Bäume. Doch an Schlafen ist nicht zu denken. Es ist alles andere als bequem und es ist kalt. Außerdem habe ich Angst. Und dann merke ich auch noch, dass ich dringend auf Toilette muss. Ich versuche, es zu ignorieren, aber es geht einfach nicht weg.

„Mama", flüstere ich.

„Was ist denn, Cadette?" flüstert sie zurück.

„Mama, ich muss dringend Pipi!"

„Dann musst du das hier machen, neben mir", antwortet sie. Ich nicke als Antwort, obwohl sie das in der stockdunklen Nacht ohnehin nicht sehen kann. „Ja, okay!", flüstere ich zurück. Es ist so dunkel, dass ich meine Hand kaum vor Augen sehen kann. Ich taste mich nur ein paar Schritte vor, damit ich wieder zurückfinde und gleichzeitig niemanden störe. Ich fürchte mich etwas im Dunkeln.

Als ich beginne, mich zu erleichtern, sehe ich plötzlich mitten in der Dunkelheit zwei leuchtende Augen vor mir. Sie starren mich direkt an. Und ich starre zurück. Auf einmal verfliegt alle Angst. Ich schaue einfach in diese glänzenden Augen. Die Zeit scheint stillzustehen. Stille umgibt mich, und für einen Moment vergesse ich alles um mich herum. Diese riesigen, glänzenden Augen schenken mir Trost, und irgendwie fühle ich mich beschützt – so, als wenn jemand nach mir schauen und darauf achten würde, dass ich nicht allein im Dunkeln bin.

Ich lege mich wieder neben Mama und merke plötzlich, wie kalt es ist. Dann denke ich wieder an die Augen. Ob es eine Eule war? Ich zittere am ganzen Körper. Mama rutscht näher an mich heran und legt ihren Arm um mich. Sie umschlingt mich förmlich, und in dieser tröstenden, geborgenen und warmen Umgebung finde ich Ruhe und kann irgendwann endlich einschlafen.

Als ich meine Augen wieder öffne, geht gerade die Sonne auf. Mama schaut mich liebevoll an.

„Marie, wach auf", sagt sie in sanftem Ton zu mir. „Wir wollen frühstücken gehen, wie Papa es vorgeschlagen hat."

Ich setze mich hin und sehe, dass auch andere Mädchen schon wach sind. Es war nicht bequem auf dem Waldboden, aber ich bin dankbar, dass wir alle zusammen sind. Das ist das Wichtigste. Dann gehen wir zu uns nach Hause. Meine Mama, meine Schwester Stephanie, Saraphina, Mamy und ich. Wir werden, wie abgemacht, gemeinsam frühstücken, damit wir zusammen in den Tag starten und trotz der Umstände so viel Zeit wie möglich als Familie miteinander verbringen. Später erfahre ich, dass hinter diesem Vorschlag meines Vaters auch eine Strategie gesteckt hat, denn er hat das Gefühl, dass unser Haus beobachtet wird. Das gemeinsame Frühstück soll den Eindruck erwecken, wir seien stets zu Hause und würden unseren Alltag normal weiterleben. Wahrscheinlich will mein Vater der Angst und dem Schrecken, welche die Interahamwe verbreiten wollen, auf diese Weise bewusst keine Macht geben – und auch uns als Familie ein Gefühl von Sicherheit und Normalität vermitteln. Trotzdem spüre ich die Angst, die in der Luft liegt…

11. April 1994

Heute wird sich mein ganzes Leben ändern. Ich streichle meinen Kater Puma, der sich an meine Waden schmiegt. Es ist das letzte Mal, dass ich ihn sehen werde, aber das weiß ich zu diesem Zeitpunkt noch nicht. Wir sind gerade erst fertig mit unserem Frühstück, das wir im Garten zu uns genommen haben, und räumen unsere Teller zusammen, meine Eltern, Mamy, Saraphina, meine Brüder Jean Marie, Jean Paul und Jules und meine Schwester Stephanie. Die Stimmung wirkt nicht gerade ausgelassen, ich sehe an der Körperhaltung meiner Mama, dass sie angespannt ist. Das macht mir Sorge und mir schwirrt das Gehörte von vorgestern noch im Kopf herum. Wenn ich nur wüsste, was das alles zu bedeuten hat!

Plötzlich ruft mein Bruder Jules laut und panisch: „Ich sehe Soldaten!" Erschrocken deutet er mit dem Finger Richtung Hügel. Wir drehen uns alle um, und ich sehe mehrere Soldaten, die sich schnell den Hügel hinunter und auf uns zu bewegen. Wir halten kurz inne, dann macht sich Panik breit.

„Lauft!", ruft mein Papa, und in der nächsten Sekunde packt mich schon die Hand meiner Mama und wir rennen los. Unser Ziel ist das Haus von Victor, unserem Nachbarn, der uns sehr nahesteht. Sein Haus befindet sich direkt hinter dem nächsten Hügel.

Mein Kopf ist leer. Ich habe das Gefühl, nur noch zu funktionieren.

Bei Victor angekommen, verstecken wir uns alle im Wohnzimmer. Ich drücke mich fest an meine Mama. Sie hat ihren Arm um mich gelegt.

Plötzlich klopft es an der Tür und eine Männerstimme ruft: „Wir wissen, dass ihr euch hier drin versteckt. Kommt alle raus!" Doch niemand bewegt sich. Wir sitzen alle wie erstarrt da und schauen ängstlich und gebannt auf die Tür. Eine Sekunde später wird diese eingetreten und mitten im Wohnzimmer steht ein großer, bösartig aussehender Mann. Ich erkenne ihn. Er heißt Darius und ist einer unserer Nachbarn – und ein Interahamwe, so nennen sich die radikalen Hutu. Er hat eine Gruppe bewaffneter Soldaten im Schlepptau.

„Alle raus hier!", schreien diese uns jetzt an. Ich knie mich auf den Fußboden und halte die Beine meiner Mama fest. Ich will hier nicht weg. Ich will nicht da rausgehen zu all diesen bösen Menschen. Ich will hierbleiben. In Sicherheit. Bei meiner Mama. Doch einer der Soldaten schwenkt sein Gewehr gefährlich in der Luft herum und beginnt, unsere Nachbarinnen, Freundinnen und Verwandten Richtung Tür zu stoßen. Wir folgen ihnen.

Als wir aus der Tür hinaustreten und in gebührendem Abstand vor den anderen Soldaten stehen bleiben, halte ich die Hand meiner Mama noch fester. Die Soldaten lachen. Verächtlich, laut und drohend.

„Geht in das Haus da drüben!", sagt einer von ihnen mit bestimmendem Ton zu uns. Ich klammere mich weiter an Mamas Hand, während sie uns langsam zu dem anderen Haus hinübertreiben. Ich erkenne, dass es das Haus von Gustave ist, der Weihnachten bei uns gefeiert hat. Er ist ebenfalls ein Nachbar von uns und wir pflegten immer einen freundschaftlichen Umgang miteinander. Gustave ist der Bruder von Victor, das weiß ich.

Jetzt tritt die Tochter von Victor – sie ist ungefähr 19 Jahre alt – panisch nach vorne.

„Bitte", ruft sie zu den Soldaten unter Tränen und mit erhobenen Händen. „Bitte, tötet uns nicht! Wir sind doch Mütter und Kinder, wir tun euch nichts. Bitte verschont uns!" Doch ihre Bitte stößt auf taube Ohren. Vielmehr stellt sich einer der Soldaten genau vor sie, schaut sie verächtlich an und schlägt ihr mit so einer Wucht ins Gesicht, dass sich ihr ganzer Kopf auf die Seite dreht.

„Wo sind die Granaten?", ruft er seinem Kollegen zu, während wir dem Befehl folgen und ins Haus von Gustave gehen. *Ich werde sterben*, wird mir in diesem Moment klar. *Mein Leben ist vorbei!* Ich versuche, diesen Gedanken sacken zu lassen und irgendwie zu begreifen. Aber er ist so unbegreiflich und ich kann mich einfach nicht damit abfinden. Ich will nicht sterben! Doch ich weiß, das liegt nun nicht mehr in meiner Hand, sondern in der Hand dieser bedrohlichen Männer, die da draußen mit ihren Waffen stehen und erhitzt miteinander diskutieren. Scheinbar wissen sie nicht, was sie mit uns machen sollen oder auf welche Art wir sterben sollen.

„Ich habe genug von euch", ruft einer der Soldaten schließlich. „Schluss jetzt! Raus mit euch! Geht in die Bananenplantage!"

Die ganzen Frauen, meine Cousinen und Tanten, die Nachbarinnen und alle anderen, die mit uns waren, gehen nun langsam Richtung Plantage. Wir werden eskortiert von den Soldaten mit ihren Gewehren. Ich weiß nicht, wie mir geschieht. Ich spüre die schützende Hand meiner Mama in meiner, und setze einfach einen Fuß vor den anderen.

An der Plantage angekommen, bleiben die Soldaten stehen. Sie bedeuten uns, weiterzulaufen. Wir sollen in die Plantage gehen. Ohne sie. Es ist klar, es soll ein sadistisches Morden geben. Langsam und qualvoll. Wir gehen weiter. Schritt für Schritt. Ein Fuß vor den anderen. In dem Bewusstsein, dass jeder der letzte sein könnte.

Kapitel 2

„Marie, komm aufstehen! Es ist Zeit für die Schule!" Ich schlage meine Augen auf und gähne. Séraphine steht neben mir und streicht mir über den Kopf. Ich lächele sie verschlafen an. Ich mag sie so sehr. Wir haben wirklich das beste Kindermädchen der Welt und dass sie noch dazu meine Großcousine ist, macht es nur noch schöner!

Während sie mich vorsichtig wachstreichelt, wird mir wieder bewusst, dass sich meine Haare nicht mehr nach eben diesen anfühlen, denn sie sind kurzgeschoren. Ich kann es nicht ausstehen, aber so sind nun einmal die Schulregeln. Alle haben kurzgeschorene Haare.

„Deine Schuluniform liegt auf dem Stuhl. Pass auf, dass du sie heute nicht schmutzig machst. Draußen regnet es in Strömen", sagt Séraphine zu mir. Es ist Regenzeit! Ich sitze direkt aufrecht im Bett.

„Saraphina, was für ein toller Tag! Ich liebe die Regenzeit!" Ich darf Séraphine als Einzige mit diesem Spitznamen rufen, den ich mir selbst für sie ausgedacht habe. Das freut mich sehr. Sie lacht leise vor sich hin. Regenzeit, das bedeutet eine matschige Erde, die so glatt ist, dass man auf einem Bananen-blatt die Hügel herunterrutschen kann. Es gibt kein besseres Spiel, finde ich. Mama findet das nicht. Sie schimpft immer, wenn ich mit schmutzigen Sachen nach Hause komme, aber sie verbietet es mir auch nie. Wenn ich ihr genau in die Augen schaue, dann sehe ich sogar ein kleines Funkeln darin, sodass ich weiß: Im tiefsten Herzen freut sie sich für mich!

Seufzend ziehe ich das knallblaue Kleid an, das zu meiner Schuluniform gehört. Meiner Meinung nach steht es mir nicht. Ich zucke mit den Schultern. Es ist ohnehin nicht zu ändern. Bevor ich mich weiter darüber ärgere, hole ich mir lieber schnell noch mein liebstes Frühstück aus der Küche und komme pünktlich zur Schule. Aber vorher muss ich noch auf die Toilette. Dazu muss ich das Haus verlassen. Draußen atme ich einmal tief ein. Die kühle Morgenluft, gepaart mit dem Regendunst, der vom Boden aufsteigt und sich in den Blättern verfängt, ist unverwechselbar. So riecht es nur in der Regenzeit. Schnell laufe ich zu unserer Außentoilette. Tagsüber muss Saraphina nicht mitkommen. Nur in der Nacht ist es zu gruselig, um allein dorthin zu gehen. Danach springe ich noch einmal in die Küche.

Meine Mama rührt gerade die Milch in die Braunhirse und hält mir anschließend die Tasse hin – fertig ist mein Igikoma! Ich mag es, es macht satt und ist lecker. Trotzdem beeile ich mich beim Essen. Ich will schließlich nicht zu spät zur Schule kommen. Also schnappe ich mir meine Schulbücher, hole mir noch meinen Abschiedskuss ab und mache mich auf den Weg. Die Schule liegt auch in Giheke, deshalb habe ich es nicht weit.

Sechs Stunden später sind meine Schritte nicht mehr ganz so energisch. Meine Schultasche aus Stoff schlägt mir achtlos gegen die Beine. Grund für meine niedergeschlagene Stimmung sind die drei Jungs, die um mich herumspringen. Sie lachen, versuchen, mich zu schubsen und strecken mir die Zunge heraus. Dabei rufen sie immer wieder „Uruyongoyongo", was „Flamingo" bedeutet, und lachen hämisch. Unbewusst greife ich mir an den Hals. Ist er wirklich so lang? Warum nur sehe ich so anders aus als die anderen Kinder?

Meine Rettung kommt auf vier Pfoten. Wie jeden Tag hat Puma an der gleichen Stelle unter den Bäumen schon auf mich gewartet. Mein Kater kommt auf mich zugelaufen und ich bücke mich, um ihn zu streicheln, während er sich liebevoll an mich schmiegt. Ich ignoriere diese fiesen Jungs einfach, bis ihnen langweilig wird und sie ihr Interesse an mir verlieren. Wenn ich mit Puma an meiner Seite nach Hause laufe, fühlt es sich so an, als würde mein bester Freund gleichzeitig auch mein Beschützer sein.

In Ruanda dauerte der Schulunterricht bis zur dritten Klasse immer nur bis zum Mittag. Danach ging ich direkt nach Hause. Erst ab der vierten Klasse, die ich aufgrund des beginnenden Völkermordes nur ein paar Monate besuchte, fing die Ganztagsschule an. In dieser Zeit kam Saraphina immer mittags vorbei und brachte mir mein Mittagessen in die Schule, das beispielsweise aus „Igitoki ni Imboga", Kochbananen mit verschiedenem in Zwiebeln gebratenem Gemüse bestand, oder aus „Ibijumba", Süßkartoffeln mit Buttermilch. Diese Kombination liebte ich sehr. Beides kam schließlich direkt von unserem Acker beziehungsweise von unseren Kühen.

Ich hatte eine glückliche Kindheit mit liebevollen Eltern, die uns Werte wie Respekt und Mitgefühl gelehrt haben und uns immer viel Liebe entgegengebracht haben. Mein Papa war ein gebildeter Mann. Er arbeitete als Lehrer an einer Hochschule. Meine Mama war Hausfrau und managte und organisierte alle Mitarbeiter sowie die ganze Arbeit, die auf einer so großen Plantage wie der unsrigen anfiel. Meine Geschwister waren sehr modebewusst. Wenn sie aus dem Internat zu Besuch kamen, hatten sie immer die neusten Trends an. Spaßeshalber nannten die Menschen unser Dorf Giheke daher „Paris". Mein Bruder Jules war ein echter Frauenheld, weil er sehr, sehr gut aussah. Wir waren eine große, bunte Familie und beliebt im Dorf. Als Familie saßen wir oft zusammen, aßen, unterhielten uns und genossen die gemeinsame Zeit. Außerdem trafen wir uns oft mit unseren Nachbarn. Dann hörten wir Musik und tanzten zusammen. Das Leben war schön und wir liebten es, es gemeinsam zu feiern.

SOMMER 1993

Die Sonne brennt heiß vom Himmel, doch ich spüre sie kaum. Das Versagensgefühl, das mir im Nacken sitzt, dominiert alles. Wie konnte mir das nur passieren? Ich bin doch immer die Beste in der Schule gewesen, und jetzt muss ich mit Noten im Bereich zwischen 3 und 4 nach Hause kommen. Was wird mein Papa nur dazu sagen? Er wird bestimmt fürchterlich schimpfen. Ich seufze innerlich. Ruandische Väter sind oft streng, und ich erwarte eine harte Strafpredigt von meinem. Außerdem schäme ich mich und ärgere mich selbst über meine Note. Die Tränen brennen mir in den Augen. Ich habe solche Angst, gleich nach Hause zu kommen!

Nur langsam öffne ich später unsere Eingangstür, die mit schönen, roten Ziegelsteinen eingefasst ist. Und noch langsamer gehe ich nach drinnen, um mir die Hände zu waschen.

„Oh, Marie, da bist du ja!", begrüßt mich Mama. Ich nicke bedrückt. „Ist alles okay? Was ist denn passiert?"

Ich spüre, wie der Kloß in meinem Hals wächst und wie die noch ungeweinten Tränen sich langsam aus meinen Augen wagen und meine Wangen hinunterrollen. „Marie", höre ich dann meinen Papa sagen. „War etwas in der Schule? Es gab doch heute Zeugnisse, oder!?" „Oh, Papa", schluchze ich. „Das ist ja das Problem." „Na, Cadette, das kann ich mir gar nicht vorstellen, dass das Zeugnis bei dir ein Problem sein könnte!" Ich weine nur noch mehr. Die Tränen strömen mir inzwischen aus den Augen und ich schniefe laut.

„Zeig mir mal dein Zeugnis", fordert mein Papa mich auf, und ich reiche ihm zögernd meine Stofftasche mit meinen Schulsachen. Er öffnet sie und holt mein Zeugnis heraus, wirft einen Blick darauf und reicht es an Mama weiter. Schließlich schaut er mich direkt an und sagt nur: „Dann wird es halt das nächste Mal besser."

Ich starre auf meine Zehen, während Mama auf mein Zeugnis schaut. Innerlich warte ich noch auf das große Donnerwetter, aber es bleibt aus. Ich wage einen Blick nach oben und sehe, wie meine Mama mein Zeugnis auf den Tisch legt und einen kurzen Blick mit Papa wechselt.

„Na dann, Marie, zieh dich um und komm was essen", sagt sie. Das war alles? Ich kann es kaum glauben. Ich bekomme keine Strafe? Nicht einmal böse, harsche Worte? Ich drehe mich um und gehe in mein Zimmer, um mich umzuziehen. Mein Herz ist dabei voller Dankbarkeit und Liebe für meine wundervollen, gütigen und ruhigen Eltern.

In Ruanda wurden die Schulnoten anders vergeben, als man es in Deutschland kennt. Sie wurden in Prozenten berechnet, wobei 100 % einer Note 1 entsprach. Die Schüler und Schülerinnen wurden am Zeugnistag alle einzeln aufgerufen – und das nicht nur vor der eigenen Klasse, sondern vor der gesamten Schule. Das war sehr beschämend für die schlechten Schüler, zu denen ich Gott sei Dank nie gehörte. Vor Ort klang das dann ungefähr so:

„Uwambere Namanota 94 % ni..." bedeutet „Erster mit 94 % ist...",

„Uwakabiri Namanota 92 % ni..." – „Zweiter mit 92 % ist..." und so weiter.

Und ich wollte gut sein. Ich wollte meine Eltern stolz machen. Durch dieses „Versagen" verstand ich jedoch zum ersten Mal, was Gnade und Güte bedeuten. Und vor allem bedingungslose Liebe...

Staunend stehe ich vor der Eingangstür des Ladens, der meinem Bruder Jean Marie gehört. *Ich habe einen Bruder, dem so etwas wie ein Kino gehört!*, schießt es mir durch den Kopf. Bis vor Kurzem habe ich nicht mal einen Fernseher gesehen, geschweige denn Videofilme geschaut. Aber es muss etwas wirklich Großartiges sein, denn mein Bruder bekommt immer dieses begeisterte Funkeln in den Augen, wenn sich sonntags nach der Kirche die Familie trifft und er uns von den Filmen erzählt.

Heute darf ich also zum ersten Mal einen Film auf einem richtig großen Bildschirm sehen. Ich bin ganz schön aufgeregt. Mama öffnet mir die Tür und ich gehe hinter ihr her in den Laden. Mein Bruder sucht ein Video aus, und dann geht es los. Ich bin direkt fasziniert! All die Bilder! Und sie bewegen sich sogar! Und dann sprechen sie auch noch! Wie Fotos, die sich bewegen und Töne von sich geben!

Ich gehe näher an den großen Bildschirm heran und blende die Welt um mich herum völlig aus. Die flimmernden Bilder wirken auf mich wie Magie.

Ein Highlight jagt das nächste: Ein paar Tage später sind meine Freundinnen Lili und Lou aus der Stadt gekommen! Es ist Regenzeit. Das bedeutet, dass wir morgen endlich wieder die Hügel als Natur-Rutschbahn nutzen können. Sie werden richtig schön aufgeweicht und schlammig sein, und Mama wird wieder rufen: „Cadette, Lili und Lou. Ihr erkältet euch noch! Hört auf damit!"

Aber heute springen wir erst mal Seil. Lili und Lou halten es fest und ich springe in der Mitte darüber. Später wechseln wir uns ab. So machen wir es immer. Wir lachen dabei viel und erzählen uns Geschichten aus der Schule.

„Wann kann ich denn mal wieder zu euch kommen?", frage ich die beiden. Ich liebe ihr Zuhause. Sie wohnen in der Nähe eines kleinen Flughafens direkt bei Kamembe. Ihr Haus ist modern, groß und wunderschön und liegt ungefähr zwei Stunden Fußweg von uns entfernt.

„Das klappt bestimmt bald, Marie. Aber wir sind auch so gern bei dir. Das fühlt sich immer wie Urlaub an!" Ich strahle sie an. Es ist so schön, Freundinnen zu haben!

Als wir fertig sind mit Seil springen, rennen wir lachend nach Hause. Wir waschen uns die Hände unter dem Wasserkanister, den einer der Mitarbeiter – wie jeden Morgen – für uns aufgestellt hat, schnappen uns noch ein paar Maracujas, die jemand aus unserem Garten geerntet hat, und setzen uns dann gemütlich in mein Zimmer. Es geht uns so gut! Ich könnte platzen vor Glück.

In Ruanda scheint im gesamten Jahr mehr Sonne, als dass es Niederschlag gibt. Die Temperaturen sind sehr angenehm und selbst in den Regenzeiten kommt die Sonne immer mal für ein paar Stunden durch. Das Jahr wird in Trocken- und Regenzeiten eingeteilt. Die große Regenzeit findet zwischen Februar und Mai statt. In dieser Zeit regnet es stark und beinahe den ganzen Tag. Es herrscht eine hohe Luftfeuchtigkeit. Und dann gibt es noch eine kleine Regenzeit von Oktober bis Mitte Dezember. Die große Trockenzeit geht von Juni bis September, und die kleine Trockenzeit geht von Mitte Dezember bis Ende Januar. Und mitten in ihr liegt die Weihnachtszeit...

WEIHNACHTEN 1993

Wow. Meine Zehen berühren endlich den Fußboden! So groß bin ich schon! In diesem Moment der Erkenntnis wachse ich gefühlt gleich noch ein paar Zentimeter mehr. Bisher konnte ich mit meinen Beinen immer in der Luft hin- und herschwingen, wenn mir mal langweilig war. Aber jetzt bin ich groß. Ich bin schließlich auch schon neun Jahre alt und in der vierten Klasse! Die Holzbank der Kirche unter mir fühlt sich hart an, aber das stört mich nicht. Behutsam streiche ich über mein schönes, rosafarbenes Kleid, das ich heute zur Feier des Tages tragen darf. Ich bin voller Vorfreude.

Ich schaue nach links zu meiner Mama. Sie sieht auch so schön aus. „Imishanana" heißt ihr Kleid. Eine Art Sari mit einem wunderschönen Seidentuch, das sie nur zu besonderen Anlässen trägt.

Nachher wird es Reis, frittierte Kartoffeln, Fleisch, Gemüse, Süßkartoffeln, Maniok und noch viel mehr leckere Dinge geben. Und alles in diesen schönen, großen Tellern, die Mama nur an Festtagen aus dem Schrank holt. Denn heute ist Weihnachten! Papa wird nach dem Gottesdienst mit dem Motorrad nachkommen, denn er musste schon vor uns in der Kirche sein – wie immer, wenn der Chor singt, den er leitet. Ach, ich kann es kaum noch erwarten, bis der Auftritt endlich beginnt!

Und dann geht es auch schon los. Der Chor erscheint auf der Bühne und Papa stellt sich vorne hin. Er lächelt kurz in den Kirchenraum und dann mir zu. Aufgeregt zwirbele ich an den Schleifen meines Kleides herum. Mama legt ihre Hand beruhigend auf meine. Ich schaue sie an, doch sie schaut nach vorne. Die ersten Orgeltöne erklingen und der Chor singt die ersten Takte. Mir wird ganz festlich zumute.

Ich denke an die geschmückte Bananenstaude, die zu Hause wartet. An mein geliebtes Maniok-Gemüse. An unsere ganze Familie, die heute mit uns feiern wird. Kann das Leben eigentlich noch schöner sein? Ich denke an die Bonbons, die zwischen den Ästen der weihnachtlichen Bananenstaude hängen, und an die Watte, die ich fein säuberlich dazwischen drapiert habe. Ich denke an den schönen Engel, den Saraphina vorhin noch oben auf die Staude gesteckt hat, und wie wir die schöne Krippe davor gestellt haben. Ich denke an Maria und Josef und das Baby in der Krippe, das mir am meisten gefällt, und eine andächtige, feierliche Stimmung macht sich in mir breit.

Nachher werden wir tanzen und lachen – zusammen mit einigen Nachbarn wie der Familie von Gustave und Victor, Freunden und natürlich unserer ganzen Familie. Alle werden da sein – na gut, bis auf meine Schwestern Bernadette und Jeanne de Chantal. Berna arbeitet in der Hauptstadt und Jeanne de Chantal ist als Nonne ins Kloster eingetreten. Ach, und meine Schwester Françoise ist natürlich auch nicht da. Sie lebt mit ihrem Mann Michael in Deutschland. Michael lächelte mich immer ganz freundlich an, wenn er zu Besuch war. Er ist sehr weiß, aber er ist nicht die einzige weiße Person, die ich kenne. Der Mann von Jacqueline ist auch weiß. Jacqueline ist die beste Freundin von Françoise und die Cousine von Lili und Lou. Ihr Mann heißt Werner. Und Werner ist Arzt, genauso wie Michael.

Aber gesprochen habe ich bisher kaum mit Michael. Kinder reden grundsätzlich nicht viel, wenn Erwachsene sich unterhalten. Aber jedes Mal, wenn er da war, hat es sich wie ein Fest für mich angefühlt. Er brachte immer leckere Sachen mit und unterhielt sich oft angeregt mit Papa. Das sah immer sehr spannend aus und ich wollte so gern verstehen, über was sie sich unterhielten, aber da sie untereinander immer Französisch sprachen und wir Kinder sonst nur Kinyarwanda (Ruandisch), konnte ich ihnen nicht folgen. Irgendwie finde ich, dass Michael ein bisschen wie Papa ist. Ich mag ihn jedenfalls sehr.

Ich bin die Jüngste in der Familie. Mein Bruder Jules ist sieben Jahre älter und Françoise, die älteste meiner Schwestern, ist sogar schon über 30 Jahre alt. Insgesamt sieben Geschwister habe ich. Zwei weitere sind leider schon gestorben. Aber heute ist kein Tag, um traurigen Gedanken nachzuhängen. Denn heute ist Weihnachten! Ich betrachte mein rosa Kleid und ärgere mich darüber, dass es schon zu knittern beginnt. Die letzten Takte des Chores verklingen und der Priester betritt die Kanzel. Ehrfürchtig betrachte ich ihn und die festliche Atmosphäre verursacht ein freudiges Kribbeln in meinem Bauch. Es ist einfach zu schön! Ich könnte nicht glücklicher sein.

Heute bin ich dankbar, dass ich schon als Kind durch den christlichen Glauben meiner Familie geprägt wurde, auch wenn ich Gott aus heutiger Sicht damals noch nicht wirklich kannte. In meiner kindlichen Vorstellung war er weit weg, saß auf den Wolken und schaute zu mir hinunter. Dass er an Weihnachten zu uns auf die Welt gekommen war, konnte ich noch nicht so richtig fassen. Aber ich wusste, es gab einen Gott, der über uns wachte. Vorm Schlafengehen beteten wir immer zusammen als Familie und mit den Mitarbeitern. Ich war immer dabei, betete mit oder schaute meinen Papa an, wie er betete, aber zu Jesus hatte ich keinerlei Kontakt. Er blieb mir fremd. Durch den katholischen Glauben meiner Familie war mir Mutter Maria da noch vertrauter.

Als meine Kommunion anstand, musste ich davor bei unserem Priester meine Sünden beichten. Es war für mich eine Horrorvorstellung, dass ich jemandem meine tiefsten Geheimnisse erzählen sollte, den ich gar nicht richtig kannte. Die Nacht davor lag ich deshalb lange wach und überlegte. Es würde unangenehm werden, aber ich wollte trotzdem alles, was ich als Sünde empfunden hatte, erzählen, damit Gott mich in sein himmlisches Reich aufnehmen würde. Denn das hatte ich verstanden: Ich wusste, dass Gott zuhört, wenn ich bete, und dass er mich nur dann aufnimmt, wenn ich ohne Schuld bin. Dass Jesus schon für mich bezahlt hatte, hatte ich zwar schon gehört, aber konnte einfach noch nichts damit anfangen, auch wenn wir genau das jedes Jahr an Ostern feierten.

Vor drei Tagen war Ostern. Ich liebe Ostern. Ich sitze neben meiner Cousine Mamy beim Abendessen. Seit ein paar Monaten wohnt sie bei uns und geht mit mir zur Schule. Das macht mich so glücklich. Endlich habe ich eine Art Schwester in meinem Alter zu Hause. Mein Bruder Jules sitzt mir gegenüber und unterhält sich mit Papa über den Chor. Er ist, genauso wie meine Brüder Jean Marie und Jean Paul und meine Schwester Stephanie, über die Feiertage aus dem Internat nach Hause gekommen. Jules ist mit seinen 16 Jahren eigentlich schon erwachsen. Ich schaue ihn von der Seite an und bin stolz auf ihn.

Gerade schiebe ich mir eine Süßkartoffel in den Mund, als mein Papa plötzlich aufsteht und das Radio lauter dreht. Er stellt es so laut, dass wir es alle hören können.

„Seid mal alle still, bitte!" Mein Papa steht mit erhobener Hand vor dem Radio. Er bewegt sich nicht vor lauter Anspannung. Es wird ruhig in unserem Esszimmer, nur die Radiostimme dröhnt durch den Raum. Ich schaue ihn mit weit aufgerissenen Augen an.

„Gerade haben wir die Information bekommen, dass die Maschine von Präsident Juvénal Habyarimana beim Landeanflug auf den Flughafen in Kigali mit zwei Boden-Luft-Raketen abgeschossen wurde", sagt der Nachrichtensprecher im Radio.

Mehr höre ich nicht, denn direkt nach diesem Satz schaltet mein Papa das Radio aus. Es herrscht eine beklemmende Stille. Ich sehe die Fassungslosigkeit im Gesicht meines Papas. Wir Kinder sitzen ruhig auf unseren Plätzen und schauen die Erwachsenen an. Die Minuten rasen an mir vorbei. Der Präsident ist tot. Was das bedeutet, verstehe ich jedoch noch nicht. Dass Menschen heute sterben mussten, schon.

Papa steht auf und sieht uns alle nacheinander an. „Wir wollen nun wie jeden Abend gemeinsam das *Vaterunser* beten."

Wir stehen alle auf. Immer, wenn mein Papa betet, spüre ich seine Ehrfurcht gegenüber diesem großen, unsichtbaren Gott, den ich nicht greifen kann. Aber ich sehe den Glauben meines Papas und wie viel Stärke dieser ihm gibt.

„Vater unser im Himmel", betet Papa.

„Geheiligt werde dein Name.

Dein Reich komme. Dein Wille geschehe.

Wie im Himmel, so auch auf Erden.

Unser tägliches Brot gib uns heute

und vergib uns unsere Schuld,

wie auch wir vergeben unseren Schuldigern.

Und führe uns nicht in Versuchung,

sondern erlöse uns von dem Bösen.

Denn dein ist die Kraft und die Herrlichkeit

in Ewigkeit.

Amen."

Mein Papa hält seine Augen länger geschlossen als sonst. Als er sie öffnet, ist sein Blick fest und entschlossen: „Und nun verabschiede ich unsere Mitarbeiter und Helfer in den Abend. Auch wir werden uns bettfertig machen. Gute Nacht an alle." Dabei nickt er allen zu und dreht sich dann zu mir um: „Marie, ich würde dir heute Abend gern noch die Geschichte zu Ende erzählen, die wir vor Ostern angefangen haben. Sag mir Bescheid, wenn du bettfertig bist."

Ich freue mich und beeile mich, mit Saraphina gemeinsam unsere Außentoilette zu benutzen, mir über dem Kanister im

Bad das Gesicht zu waschen, die Zähne zu putzen und mein Nachtzeug anzuziehen. Auch meine Füße muss ich heute waschen, denn ich hatte meine Lieblingssandalen an. Ich wollte sie heute unbedingt anziehen – und jetzt sind meine Füße ganz staubig. Obwohl ich sie vorhin schon geschrubbt habe, muss ich das noch einmal machen, bis sie richtig sauber sind. Dabei bin ich schon so gespannt, wie die Geschichte ausgeht! Ich freue mich, dass Papa sie mir zu Ende erzählen will, obwohl doch heute der Präsident gestorben ist. Papa sah vorhin so ernst aus.

Als ich im Bett liege, sagt Saraphina Papa Bescheid. Er kommt und setzt sich zu mir. Ich schaue ihn an und frage leise: „Erzählst du mir wirklich die Geschichte von den Riesen weiter, Papa? Auch wenn der Präsident gestorben ist?"

„Ja, Marie. Gerade deshalb möchte ich dir die Geschichte gern zu Ende erzählen. Weißt du noch, um was es ging?"

Ich freue mich. Die Geschichte von den Riesen ist meine Lieblingsgeschichte. Mein Papa erzählt sie mir immer mal wieder, aber er hat sie bisher noch nie zu Ende erzählt.

„Ja, Papa", antworte ich deshalb. „Da war dieser gerechte Mann. Der war im Wald und auf einmal kamen ganz viele Riesen auf ihn zu. Die musste er besiegen, weil er die Prinzessin retten wollte."

„Sehr gut, genau. Und den einen Riesen besiegte er, indem er sich versteckte. Erinnerst du dich? Er war ganz leise und der Riese war so dumm, dass er einfach an ihm vorbeilief. Der zweite Riese war gefährlicher und klüger. Aber der gerechte Mann war auch klug und versprach dem Riesen einen Handel. Er sagte ihm, er könne sein Haus bekommen, wenn er ihn auf dem Weg durchlassen würde. Er gab ihm die Haustürschlüssel und beschrieb ihm den Weg. Der Riese ließ sich auf ihn und seine klugen Worte ein und ließ den Mann weitergehen. Der dritte Riese, der nun kam, war der gefährlichste. Denn er war nicht interessiert an Reichtum. Er war auch nicht dumm. Er wollte dem Mann einfach nur schaden, weil er fand, dass er die Prinzessin nicht verdient hatte. Was denkst du, was der gerechte Mann in dieser Situation tun sollte?"

„Wenn er gerecht ist, Papa, dann hat er doch in seinem Leben schon vielen Menschen geholfen und damit Gott seine Liebe gezeigt, oder?"

„Sehr gut, Cadette."

„Dann ist es so, dass der gerechte Mann Pfeile in seiner Tasche hat. Und wenn der dritte Riese kommt, zieht er diese Pfeile aus seiner Tasche. Er hat nichts anderes und weiß keinen Ausweg, aber er vertraut darauf, dass alles gut gehen wird. Mit seinen Pfeilen in der Hand geht er auf den Riesen zu. In diesem Moment kommen, wie durch ein Wunder, ganz viele Menschen hinter den Bäumen hervor. Es sind all die Menschen, denen der gerechte Mann schon einmal geholfen hat und zu denen er in der Vergangenheit gut war."

Ich habe mich im Bett aufgesetzt und gestikuliere wild mit meinen Händen. „Und die Menschen stürzen sich auf den Riesen und fesseln ihn. Der gerechte Mensch ist sehr gerührt, bedankt sich für die Hilfe und kann endlich die Prinzessin retten."

Ich lasse mich glücklich auf mein Kopfkissen fallen.

„Jetzt hast du die Geschichte selbst zu Ende erzählt", lacht Papa. Er sieht ein bisschen erstaunt aus, fällt mir auf. Gleichzeitig schaut er mich sehr zufrieden an.

„So, und nun ab ins Bett. Schlaf gut, meine Cadette. Ich liebe dich." Er küsst mich sanft und segnet mich mit einem

Kreuzzeichen auf der Stirn, dann löscht er die Petroleumlampe und geht aus dem Zimmer. Ich liege noch eine Weile wach und starre an die Zimmerdecke, bevor ich einschlafe und von Flugzeugen und Riesen träume.

Kapitel 3

11. April 1994

Nach dem Abschuss des Präsidenten-Jets am 6. April 1994 erfasste eine Welle der Gewalt Ruanda. Radikale Hutu, sogenannte Interahamwe, begannen ihre Jagd. Die Interahamwe konnten Nachbarn, Arbeitskollegen oder sogar Freunde sein, die so radikalisiert waren, dass sie auf sadistische Art und Weise Tutsi umbrachten – einfach, weil sie Tutsi waren. Sie hatten im Gegensatz zu Soldaten keine Gewehre, sondern waren mit Macheten und Knüppeln bewaffnet. Ungefähr eine Million Tutsi verloren bei diesem Völkermord ihr Leben. Die Interahamwe und Soldaten bewachten die Grenzen, sodass niemand fliehen konnte. Sie spürten mit Hunden versteckte Tutsi auf und machten auch nicht Halt vor Kindern und Frauen. Auf brutalste Weise mordeten sie. Sie gingen dabei strategisch vor und verschonten niemanden. Es wurde gefoltert, geplündert und vergewaltigt. Und das alles mit viel Prahlerei und hämischem Gelächter. Im „Genocide Memorial Center" in Kigali sind heute die Überreste von mehr als 250.000 Menschen begraben.

Die Sonne wechselt sich mit den Schatten der Bananenblätter ab. Meine Füße wirbeln den Staub auf, der sich auf meiner

45

Kleidung ablegt. Ich höre den Knall in meinen Ohren und drehe mich leider um.

Ich sehe, wie unser Nachbar Gustave erschossen wird. Er kippt wie in Zeitlupe nach hinten um und Blut sprudelt aus seiner Nase und seinen Augen. Plötzlich spüre ich einen starken Druck und ich falle vornüber. Jemand drückt mich auf die Erde. Ist es Mama? Ich weiß es nicht, aber der Druck ist so stark, dass ich mich nicht mehr bewegen kann. Meine Hände liegen auf meinem Kopf und mein Kopf liegt im Staub. Ich mache mich so klein wie möglich.

Um mich herum bricht das Chaos aus. Die Schüsse werden immer lauter und ertönen in immer kürzeren Abständen. Mal klingen sie näher, mal weiter weg. Ich bekomme Panik und will aufstehen und wegrennen. Ich kann hier doch nicht einfach liegen bleiben!

In diesem Moment höre ich eine kraftvolle, aber beruhigende Stimme. Sie ist stark und bestimmend, und doch leise und zärtlich: **„Bleib liegen, bis ich dir sage, dass du wieder aufstehen kannst!"** Gleichzeitig verstärkt sich der Druck auf mir, sodass es mir überhaupt nicht möglich wäre, aufzustehen. Dann höre ich plötzlich ein kurzes, leises Rauschen und ich habe das Gefühl, eine Art Blase legt sich um mich. Ich höre die Schüsse noch immer, aber sie scheinen auf einmal gedämpft und weit weg zu sein. Es fühlt sich an, als würde mein Geist meinen Körper verlassen. Ich habe keine Angst mehr. Ich liege einfach ruhig da und fühle mich sicher und eingehüllt. Und in diesem Zustand frage ich mich nicht, was das alles zu bedeuten hat und wem diese Stimme gehört hat. Ich liege einfach nur da.

Irgendwann wird es ruhiger. Die Schüsse verebben und die Schutzblase löst sich auf. Ich komme wieder zu mir, doch bleibe noch liegen. Ich denke mir: *Ich muss liegen bleiben, hat die Stimme mir doch gesagt. Ich muss warten, bis sie mir sagt, dass ich aufstehen darf!* Neben mir schreit jemand die ganze Zeit. Es klingt erbärmlich und schrecklich, aber ich rühre mich nicht. Ich liege immer noch auf dem Bauch und meine Augen sind geschlossen. Die Schreie gehen mir durch Mark und Bein.

Ich hebe langsam meinen Kopf und öffne die Augen und das Erste, was ich sehe, ist meine Mama. Nichts hat mich auf diesen Moment vorbereiten können. Der Kopf meiner Mama ist voller Blut und aus ihm sickert das Leben.

„Mama!", flüstere ich. Es ist zu viel für mich. Ich bin wie gelähmt vor Schock.

Mein Blick wandert weiter und ich sehe meine Schwester. Auch sie ist getroffen, aber wie durch ein Wunder scheint sie noch zu leben. „Fania, Stephanie!", flüstere ich tonlos und robbe auf sie zu. Auch sie blutet am Kopf. Ich nehme ihre Hände in meine. Sie sieht mich direkt an und öffnet ihren Mund. Sie will mir offensichtlich noch etwas sagen.

„Ich gehe", flüstert sie mit letzter Kraft. „Hab keine Angst und bleib weiter liegen, Marie." Dann macht sie ihren letzten Atemzug. Ich bleibe liegen und weine. Die Tränen und der Schmerz brechen aus mir heraus, bis in mir nur noch Leere ist.

Aus dem Augenwinkel sehe ich, dass meine Cousine Louise und ein Nachbarsjunge namens Jean überlebt haben. Neben mir und um mich herum höre ich Schritte. Menschen scheinen aufzustehen, aber ich nicht. Nachbarn, von denen ich befürchte, dass sie Interahamwe sein könnten, kommen vorbei und sagen: „Die Soldaten sind weg. Wer überlebt hat, soll aufstehen!" Doch ich bleibe immer noch liegen. So lange, bis ich ganz deutlich spüre: „Jetzt. Jetzt stehe ich auf."

Als ich aufstehe, sage ich mit bestimmter Stimme zu Louise und den anderen Überlebenden: „Ich gehe hier nicht weg, bevor meine Mama nicht beerdigt wurde!" Es ist mir in diesem Moment völlig und unmissverständlich klar, dass ich meine Forderung durchsetzen werde. Ich schaue hoch und es durchzuckt mich plötzlich: *Wo ist Mamy?*

„Mamy? Mamy?" Ich rufe und schaue mich um. Und dann sehe ich sie ein paar Meter weiter auf dem Boden liegen. Gott sei Dank. Sie sieht mich an und atmet. Ich sehe, dass sie blutet und verletzt ist. Aber sie lebt. *Mamy lebt!*

Freunde und Verwandte, die ebenfalls überlebt haben, beerdigen meine Mama, Stephanie, Gustave und alle anderen, die gestorben sind, während ich zurück zu dem Haus unseres Nachbarn Gustave gehe. Ich will nur noch weg von den Leichenbergen. Das Haus bietet mir Schutz, und ich setze mich so in den Garten, dass ich die Bananenstauden nicht mehr sehen kann. Ich warte dort mit einigen Verletzten. Auf wen oder was, weiß ich nicht so genau. Mein Kopf ist leer.

Vor ein paar Stunden saß ich hier noch mit meiner Mama und meiner Schwester. Jetzt sind beide tot. Ich frage mich, wo Saraphina ist. Ich kann sie nicht finden. Ich habe sie überhaupt nicht mehr gesehen, seit sie uns nach draußen rausgejagt haben. Ob sie noch am Leben ist?

Ich kann kein Wort sprechen. Trauer hat mich umhüllt und keine Worte übrig gelassen. Meine Tränen sind getrocknet. Das ist aber nur ein Teil der Wahrheit, denn eigentlich sind einfach keine mehr übrig. Nur deshalb rollen sie nicht mehr über meine Wangen. Ich bin leer.

Ein paar Stunden später setze ich wieder einen Fuß vor den anderen, genauso wie ein paar Stunden zuvor. Nur diesmal fühlt es sich so an, als wäre ich um 100 Jahre gealtert. Die Interahamwe haben uns befohlen, in das Nachbardorf zu einem anderen Haus zu gehen. Wir laufen über trockene Wiesen, während die Sonne schon etwas tiefer vom Himmel scheint. Meine Hände halten die Beine eines Babys fest, das sich an meinen Rücken klammert. Seine Mama läuft hinter mir. Sie hilft, die Verletzten zu tragen. Auch Mamy muss getragen werden. Ich kenne alle, mit denen ich schweigend ins nächste Dorf laufe. Es sind alles Nachbarn und Freunde meiner Familie. Früher haben wir das Glück geteilt und schöne Stunden miteinander verbracht, plötzlich sind wir Leidensgenossen, die dasselbe Schicksal teilen. Wir waren gemeinsam in der Bananenplantage und haben überlebt. Wir leben. Aber wie lange noch? Und wie soll überhaupt jemand mit dem weiterleben, was wir erlebt und gesehen haben?

Als wir auf dem nächsten Hügel stehen und in die Senke hinabschauen, können wir die Steinhäuser des kleinen Nachbardorfes sehen. Das Baby wird langsam schwer auf mir. Vielleicht ist es eingeschlafen. Seine Körperwärme beruhigt mich jedenfalls. Es hilft mir, im Hier und Jetzt zu bleiben, und es gibt mir Kraft, eine Aufgabe zu haben. Wir haben erfahren, dass sich im nächsten Haus, das wir ansteuern, meine Tante und die restlichen Nachbarn aus dem Umfeld versammelt haben.

Kurze Zeit später kommen wir an und treten vorsichtig ein. Meine Augen gewöhnen sich langsam an die Dunkelheit im Haus, als mir jemand vorsichtig das Baby von meinem Rücken nimmt. Ich sehe sehr viele Frauen. Alte und junge. Und Kinder. Dann weiten sich meine Augen und ich erkenne bekannte

Gesichter: Frauen aus dem Nachbardorf. Und da – meine Tante! Ich stürze ihr in die Arme und fange im selben Moment an, verzweifelt zu schreien: „Meine Mama ist tot!" Ich fange an zu schluchzen und zu weinen.

Nach stundenlanger Stille bricht der Schrei meiner schmerzenden Kinderseele durch und ich finde Halt in den Armen meiner Tante. Familie. Ich bin doch nicht ganz allein.

Es ist schwer in Worte zu fassen, was ich an diesem Tag erlebt habe und was es in meiner Kinderseele angerichtet hat. Tod und Schrecken brachen ohne Vorwarnung in mein bis dahin schönes Leben – und das in einem Ausmaß, wie es ein erwachsener Mensch kaum aushalten kann. Ich stand unter Schock, schaffte es irgendwie, zu funktionieren und befand mich in einem Dämmerzustand zwischen Verdrängung und Nicht-wahr-haben-wollen und kompletter Überforderung durch die Konfrontation mit der schrecklichen Realität. Zwischendurch zogen immer wieder Erinnerungsfetzen an meinem inneren Auge vorbei – von einem Leben, das unwiederbringlich verlorengegangen zu sein schien: Mama, die mich liebevoll anlächelt und mir über die Wange streichelt; die ganze Familie, wie wir alle um unseren großen Tisch sitzen, lachend und erzählend; kurze Szenen aus meinem ganz normalen Alltag; wie ich noch vor wenigen Monaten nicht um mein Leben, sondern aus reiner Freude mit Mamy um die Wette lief...

HERBST 1993

Ich renne und renne und renne. Meine Füße wirbeln den Staub unter meinen Füßen auf, Schweiß läuft mir in die Augen, aber ich höre nicht auf. Ich bin schnell und voller Energie. Meine Lunge brennt, aber ich habe mein Ziel vor Augen. Ich bin die Schnellste der Klasse. Meine Füße bewegen sich rhythmisch auf dem erdigen Boden und meine Arme schwingen mit.

Und da ist das Ziel. Ich setze meinen Fuß über die markierte Linie und renne mich langsam aus. Ich stütze meine Arme auf meine Beine und lasse meinen Kopf hängen. Ich atme tief ein und aus und mein Herz hüpft vor Freude. Geschafft! Ich bin die Erste! Ich richte mich auf, um zu schauen, wo Mamy ist. Sie ist zwei Klassen unter mir und vorhin die Zweitbeste in ihrer Klasse geworden. Nachdem ich sie erblickt habe, laufe ich auf sie zu und wir klatschen uns ab.

„Gut gemacht, Mamy!"

„Du aber auch", strahlt sie mich an. Wir gehen Hand in Hand an den Rand der Laufstrecke, um den anderen Schülern Platz zu machen. Wir sind wie Schwestern, ich bin so dankbar dafür. Kurz muss ich an meine Geschwister denken, die entweder schon richtig erwachsen und verheiratet sind, oder im Internat leben. Ob ich wohl auch mal auf ein Internat kommen werde? Oder mal nach Deutschland, um meine Schwester zu besuchen? Dann könnte ich auch die süße Yasmine wiedersehen. Sie ist die Tochter von Françoise und Michael und in Ruanda geboren. Ich habe sie gerade noch gesehen, bevor sie mit ihren Eltern nach Deutschland gezogen ist. Aber wenn ich so weit weggehen würde, wären Mama und Papa ja ganz allein hier.

Ich schüttele leicht den Kopf. Egal. Heute ist heute. Und ich bin die Schnellste der Klasse!

12. APRIL 1994

Ich schrecke hoch. Ein unglaublicher Lärm lässt mich erschaudern. Ich höre Rufe und die Trillerpfeifen der Interahamwe. Hunde bellen. Jemand fängt an zu singen. Sie feuern sich gegenseitig an bei ihrem abscheulichen Schlachtzug. Ich habe Angst. Es war kein Traum, wird mir schmerzlich bewusst. Als ich gestern Abend eingeschlafen bin, habe ich gehofft, ich könnte aufwachen und hätte vielleicht einfach nur furchtbar schlecht geträumt. Doch dieser Alptraum ist meine neue Realität.

Der Lärm kommt immer näher.

„Kommt raus!", ruft eine männliche Stimme. „Wir wissen, dass ihr da drin seid!"

Als wir rauskommen, brennt das Nachbarhaus schon lichterloh. Ich realisiere, dass es ein Zeichen dafür ist, dass auch die Bewohner des Hauses ausgelöscht wurden. *Ob unser Haus noch steht?*, frage ich mich. *Papa lebt noch*, denke ich. *Ich muss nur wieder nach Hause. Aber kann ich das überhaupt noch?*

Ich sehe, wie ein paar Männer mit Holzstöcken die Nachbarsjungen Karangwa und Jacques vor sich hertreiben. Karangwa ist der Sohn von Gustave. Gerade eben haben die beiden noch versucht, uns Kinder etwas aufzumuntern und ein paar Witze gemacht. Doch dann sind die Interahamwe gekommen und haben die beiden gepackt. An den Stöcken ist jeweils eine

Eisenkugel befestigt und an der Kugel sind ganz viele Spitzen aus Eisen. Ich weiß nicht, wie man diese Waffe nennt, aber sie sieht gefährlich aus. Auch Macheten haben die Interahamwe. Im Gegensatz zu den Soldaten, die am 11. April meine Mama erschossen haben, besitzen die Interahamwe aber keine Gewehre. Sie nehmen Karangwa und Jacques mit, und als ich sie später wiedersehe, sind ihre Gesichter komplett angeschwollen, so stark wurden sie verprügelt.

Alles beginnt sich zu drehen. Die Frauen um mich herum fangen an zu schreien. Babys weinen. Es ist ein Horrorfilm. Nur dass es die Realität ist. Wie soll ich das ertragen?

Meine Gefühle vermischen sich mit dem Rußgeruch des abbrennenden Hauses. Es ist ein Inferno. Der Untergang meiner Welt. Warum rettet uns niemand?

Innerlich habe ich schon abgeschlossen. Ich habe mich von meinem viel zu kurzen Leben verabschiedet. Plötzlich fangen alle, die um mich herumstehen, an, sich zu bewegen. Ich greife nach der Hand meiner Tante neben mir und sie drückt sie fest. Einige der Männer bedeuten uns, dass wir weitergehen sollen. Vorsichtig gehen wir an ihnen vorbei. Ist das eine Falle? Oder wollen sie uns wirklich gehen lassen? Sind sie etwa müde geworden oder wollen sie uns einfach nur später vernichten?

Doch sie lassen uns wie durch ein Wunder tatsächlich gehen und zünden dann unseren bisherigen Unterschlupf an. Es brennt lichterloh hinter mir und beißender Rauch kriecht in meine Lunge.

Beim nächsten Haus, in dem wir Unterschlupf fanden, schlief ich mit meiner Tante, dem Nachbarsjungen Jean und anderen Kindern und Frauen im Hinterhaus. Im Hinterhaus befand sich auch die Küche. Im vorderen Teil des Hauses brachten wir alle Verletzten vom 11. April unter. Meine Cousine Louise und noch ein paar andere kümmerten sich um sie. Auch um Mamy, die unter ihnen war. Es trieb mich um, dass ich nichts für meine geliebte Freundin und Cousine tun konnte. Ich hatte das Gefühl, ihr gegenüber versagt zu haben.

In den kommenden Tagen wollte ich Mamy oft nicht besuchen, weil ich das Gefühl, nichts für sie tun zu können, kaum ertragen konnte. Außerdem stank es im vorderen Teil des Hauses fürchterlich nach den Wunden der Verletzten. Also vermied ich es, so gut es ging, an Mamy zu denken. Ich versuchte, mich innerlich von ihr zu distanzieren, weil ich den Gedanken, sie auch noch verlieren zu können, nicht aushalten konnte.

Überhaupt staune ich heute darüber, welche Überlebensmechanismen in meiner traumatisierten Kinderseele damals ansprangen. Irgendwie schaffte ich es immer wieder, mich so ins Hier und Jetzt zu flüchten, dass die grausamen Bilder, die ich gesehen hatte und die ich in ihrem ganzen Ausmaß nicht mal meinen Lesern zumuten möchte, für erlösende Augenblicke verschwanden.

15. April 1994

„Kind, du musst jetzt tapfer sein. Ich habe eine furchtbare Nachricht für dich." Ich sitze in einer Ecke des Hauses, in dem wir uns immer noch verstecken. Die Tage reihen sich aneinander. Sie verschwimmen ineinander, lösen sich auf in all den Grausamkeiten. Ich habe den Überblick und jegliches Zeitgefühl verloren. Ich lehne mich an die Wand. Es gibt mir Sicherheit, weil ich weiß, dass so niemand hinter mir sein kann.

„Cadette, hörst du mich?" Meine Tante kniet sich neben mich und legt eine Hand auf mein Bein. Ich schaue erst auf ihre Hand und dann direkt in ihre Augen. Sie sehen besorgt, müde und tieftraurig aus. Ich habe Angst. Was will sie mir sagen? Kann ich das ertragen? Ich fühle, dass es die alte Marie nicht mehr gibt. Sie ist neben ihrer Mama gestorben. Jetzt gibt es nur noch eine leere Hülle von ihr.

„Bitte sag mir, was passiert ist", bitte ich sie dennoch. „Ich will die Wahrheit wissen!"

„Cadette, dein Papa und deine Brüder Jean Marie und Jean Paul sind heute gestorben."

Meine Tante flüstert diesen Satz. Ich sehe ihre tiefe Traurigkeit in ihrem Gesicht. Es wirkt, als möchte sie nicht dafür verantwortlich sein, mir diese Nachricht überbringen zu müssen, aber gleichzeitig ist ihr Blick fest. Sie sieht mich direkt an und ich ahne, dass sie mir damit Stärke übermitteln möchte.

„Ich habe es von einer Nachbarin erfahren. Dein Papa hat sich mit Jean Paul und Jean Marie in der Kirche versteckt. Doch die Interahamwe haben die Kirche gestürmt und Jean Paul – wie soll ich das sagen?"

Meine Tante seufzt tief. Sie zögert und ringt nach Worten. Schließlich spricht sie leise weiter: „Sie haben ihn zu Tode geschlagen. Er wurde in der Kirche umgebracht. Ich vermute, dass er nicht mehr viel Kraft hatte, weil er so ausgehungert war. Jean Marie ist aus der Kirche gerannt. Doch einer der Interahamwe erwischte ihn mit seinem Speer."

Sie hält inne und schluckt. Ihre Blicke wandern zu Boden und sie setzt sich näher an mich heran. Ihre Hände tasten nach meinen, dann nimmt sie sie fest in ihre. Sie möchte mir Mut machen, das spüre ich. Vielleicht möchte sie aber auch sich selbst Mut machen. Ihre Hände sind warm und stark und die Berührung tut mir gut. Mein Herz bleibt jedoch leer. Unendlich leer.

„Und Papa?", flüstere ich. „Was ist mit Papa?" Sie seufzt tief und erzählt dann weiter: „Deinen Papa haben die Interahamwe aus der Kirche geführt und mitgenommen. Sie wollten ihn nicht so schnell umbringen. Sie wollten ihn quälen und ihn zunächst im Unklaren über sein Schicksal lassen. Er musste ungefähr einen Kilometer weit laufen, bis sie ihm irgendwann sagten: ‚Jetzt bleib hier stehen.' Weißt du, er hatte keine Angst, so habe ich es gehört."

Meine Tante schaut mir wieder direkt in die Augen, während sie das sagt. Ich schaue sie an und nicke auffordernd. Ich möchte, dass sie weiterredet. Ich will alles wissen!

„Dein Papa schaute seine Mörder an und bat nur um eines. Nicht darum, sein Leben zu verschonen, nein, er bat sie, zum letzten Mal beten zu dürfen", fährt sie fort. „Die Nachbarin sah, wie er sich hinkniete und betete. Als er fertig war, erschlugen sie ihn. Es tut mir leid, Marie."

Meine Tante fängt an zu schluchzen und reibt sich mit der noch freien Hand die Tränen aus dem Gesicht. Ich sehe, wie sie zittert und bebt. Mein Papa ist ihr Bruder, realisiere ich. Sie spürt den Verlust ebenso schmerzlich wie ich.

Ich spüre die kalte Wand hinter meinem Rücken. Fühle die beruhigende Anwesenheit meiner Tante neben mir. Vor meinem inneren Auge sehe ich, wie mein Papa zu Weihnachten den Chor dirigiert. Und dann, wie er in der Kirche, in der wir noch vor ein paar Tagen im Ostergottesdienst gesessen haben, mit anschauen muss, wie mein Bruder, sein Sohn, totgeschlagen wird. Mein Papa war immer so selbstbeherrscht und voller

Frieden. Ich will mir merken, wie sehr er Gott geliebt hat. Ich will niemals seine gütigen Augen vergessen, seine Stärke und all die Geschichten, die er mir erzählt hat. Wie war das mit den Riesen und dem gerechten Mann? *Aber mein Papa hat es nicht geschafft, denke ich. Er war doch ein gerechter Mann – wieso musste er sterben? Wieso meine Mama? Und meine Brüder? Wieso ist der Riese stärker gewesen?*

Leise rollen mir die Tränen übers Gesicht. Nicht nur vereinzelt, sondern ganze Bäche rennen mir die Wangen herunter, laufen mir übers Kinn und tropfen auf den Boden. Ich bin allein. Meine Seele verkriecht sich irgendwohin in meinem Körper. Ich lebe noch, aber die Marie, die es noch vor fünf Tagen gab, ist gestorben.

Ich wusste, dass der Tag, an dem meine Mama gestorben war, ein Montag und der 11. April war. Danach verlor ich aufgrund meines Schockzustandes jegliches Zeitgefühl. Als mein Papa und meine Brüder starben, bekam ich mit, dass es inzwischen Freitag war. Ich wusste also, dass vier Tage vergangen sein und wir folglich den 15. April haben mussten. Es war mir wichtig, zu wissen, wann meine Eltern gestorben sind. Diese beiden Daten vergrub ich in meinem Herzen, damit ich sie niemals wieder vergessen würde. Und noch etwas anderes verwahrte ich seitdem in meiner Seele: die quälende Frage, ob dieser „liebe Gott", zu dem mein Vater jeden Tag gebetet hatte, wirklich gerecht und gut sein konnte, wenn er gerechte Menschen wie meine Eltern auf so eine Art und Weise sterben lassen konnte...

Ich knie hinter dem Küchenschrank und halte die Luft an. „1–2–3–4–5–6–7–8–9–10! Ich komme!", höre ich die Stimme von meinem Nachbarsjungen Jean aus dem Wohnzimmer. Hoffentlich sieht er mich nicht gleich! Ich versuche, mich nicht zu bewegen. Hier sind so viele Menschen, dass mein unoriginelles Versteck trotzdem funktionieren könnte.

„Ich hab dich, Marie!" Ein lachendes Gesicht taucht über mir auf. Jean hat sich über den Schrank gelehnt und schaut nun von oben auf mich herunter.

„Das war aber kein gutes Versteck!"

„Ich erzähl dir gleich was von einem guten Versteck, Jean!", entgegne ich ihm frech.

„Marie, Jean!" Meine Tante steht plötzlich vor mir und hält mich am Arm fest.

„Hört sofort auf damit! Ihr müsst etwas Ruhiges spielen. Denkt an die Verletzten im Vorderhaus. Wir dürfen nicht so laut sein! Marie, du kannst Mamy etwas Gesellschaft leisten."

Ich weiß, dass wir Rücksicht nehmen sollen. Vor ein paar Tagen ist ein Mädchen namens Fili an ihren Verletzungen gestorben. Ihre Schwester und Louise haben sie die ganze Zeit begleitet. Ich war dabei, als Fili ihre Augen für immer schloss.

Auch die beiden Jungen Karangwa und Jacques liegen hier mit ihren geschwollenen Gesichtern und Gliedern und werden immer wieder vorsichtig von Louise massiert – in der Hoffnung, so die Schwellung und die Schmerzen etwas lindern zu können.

Ich nicke meiner Tante zu und gehe rüber zum Fenster. Dort liegt meine Cousine Mamy auf einer Bambusmatte mit geschlossenen Augen. Ich besuche sie nun regelmäßig, aber es ist immer noch schwer ertragbar für mich, dass ich ihr nicht richtig helfen kann.

„Marie Mediatrice? Mamy? Kannst du mich hören?", flüstere ich. Doch Mamy seufzt nur und öffnet ihre Augen nicht. Ich streiche ihr vorsichtig über die Stirn und setze mich neben sie. Als mein Rücken langsam steif wird, rutsche ich ein Stück von ihr weg und lehne mich an die Wand an. Mein Bauch hat schon wieder Hunger. Er knurrt und ich denke an Maniok und Isombe. Aber dann fällt mir gleich wieder meine Mama ein und ich werde traurig. Überhaupt hängt so viel Traurigkeit über diesem Ort. Es ist alles so trist und hoffnungslos, und obwohl es nicht kalt ist, fröstele ich.

Jean setzt sich neben mich. Wir starren beide ins Leere, aber die Nähe des anderen gibt uns Kraft. Wir sind nicht allein.

„Hast du Angst?", flüstert er. Ich schüttele den Kopf.

„Nein, aber es ist schwer auszuhalten."

Ich schaue auf meine rosafarbenen, kurzen Shorts, die inzwischen leicht gräulich sind. Es sind meine Lieblingsshorts.

Jean ist der Sohn unseres Nachbarn Gustave. Auch er hat seinen Vater verloren. Wir haben schon früher, als die Welt noch in Ordnung war, regelmäßig zusammen gespielt. Ich erinnere mich noch an eine Feier zu Ehren meiner großen Schwester Jeanne de Chantal, als diese sich dazu entschieden hatte, Nonne zu werden. Als der Tag ihrer Weihung gekommen war, feierten wir ein großes Fest. Jean, Lili, Lou, Mamy und alle Nachbarn und Freunde waren dabei. Wir hatten für Jeanne de Chantal Theater- und Tanzaufführungen organisiert – ein richtig buntes Programm. Die anderen Kinder und ich führten auch einen Tanz vor. Dabei trugen wir alle die gleiche Kleidung und Schellenbänder an den Beinen. Das war ein absolutes Highlight.

Später gab es dann einen großen Teller Leckereien für uns Kinder. Jean war schon immer ein guter Esser. Ich musste mich also beeilen, um auch noch etwas abzubekommen. *Werden wir jemals wieder so unbeschwert sein können?*, frage ich mich und seufze.

Eine Stunde später sitzen Jean und ich immer noch so da. Manchmal flüstern wir leise, dann knurren unsere kleinen Bäuche wieder um die Wette. Wir schrecken hoch, als die Eingangstür plötzlich aufgeht und zwei Interahamwe in den Raum treten. Sie laufen durch den ganzen Raum und fixieren dabei jede einzelne Person. Sie genießen es sichtlich, dass wir Angst vor ihnen haben, und kosten die Situation voll aus. Manchmal berühren sie eine Person mit ihrem Schlagstock und heben damit ihr Kinn hoch, nur um dann hämisch lachend wieder weiterzugehen. Irgendwann bleiben sie vor den Nachbarsjungen Karangwa und Jacques stehen und bedeuten ihnen, mitzukommen. Die beiden haben keine Chance. Die Interahamwe nehmen sie mit nach draußen und ich weiß in diesem Moment, dass ich sie nicht mehr lebend wiedersehen werde. Die Dunkelheit, die ich beim Spielen vorhin kurz beiseiteschieben konnte, legt sich wieder auf mich. Und mein Magen knurrt immer lauter.

Meine Tante und die anderen Frauen kochen für alle, die hier Unterschlupf gefunden haben, während meine Cousine Louise und ein paar andere weiterhin die Verletzten betreuen. Ich sehe, dass sie verzweifelt ist. Ich habe mitbekommen, wie sich die Erwachsenen beraten haben, wo sie Antibiotika herbekommen könnten, um die Schwerverletzten zu retten.

Ich stehe neben meiner Tante und beobachte jede ihrer Bewegungen. Sie ist die Person, die mir gerade noch Halt geben kann, und ich weiche ihr kaum von der Seite – egal, ob tagsüber beim Kochen oder nachts beim Schlafen. Unzählig viele schlafen in der Küche und im Wohnzimmer dieses kleinen Hauses. Und genauso viele müssen irgendwie versorgt werden. Das Essen, das wir noch in der Vorratskammer des Hauses gefunden hatten, war gestern schon knapp, und es sieht nicht so aus, als würde es heute mehr geben. Mein Magen knurrt.

„Essen ist fertig!", ruft da meine Tante. Nicht mal eine Minute später steht eine Horde lärmender Kinder neben mir. Sie sind älter als ich. Teilweise schon Jugendliche. Und sie haben lange Arme. Mit denen greifen sie nun nach den Suppentellern und den Süßkartoffeln – über die Köpfe der kleineren Kinder hinweg, die so kaum eine Chance haben. Ratzfatz ist alles leer.

Das Mädchen neben mir weint bitterlich. Mein Magen zieht sich zusammen und ich merke, wie mir die Spucke im Mund zusammenläuft. Ist etwa alles alle? Ich starre entsetzt in den leeren Topf. Da hält mir meine Tante plötzlich zwei Süßkartoffeln hin.

„Hier, Marie, iss!" Ich nehme sie dankbar und schnell an und verschwinde damit in eine Ecke des Raumes, in der ich mich verbergen und wo mir niemand mein kostbares Gut wegnehmen kann. Jean folgt mir und schaut mich mit großen Augen an, auch er hat nichts mehr abbekommen. Seufzend gebe ich ihm eine der Kartoffeln. Er greift hastig danach und beißt noch schneller hinein. Ich hingegen atme den Geruch der Süßkartoffel ein und esse sie dann langsam und bewusst. Ich lebe. Ich habe etwas zu essen. Wenigstens das.

Als ich später, immer noch hungrig, in einen unruhigen Schlaf falle, habe ich immer noch die Hoffnung, aus diesem Albtraum einfach wieder zu erwachen.

Im Traum sehe ich plötzlich ein strahlendes Licht in Menschengestalt auf mich zukommen. Die Gestalt nimmt mich in den Arm wie ein Baby. Ich spüre Trost und Halt, Wärme, Liebe und Geborgenheit. Und die Gestalt spricht zu mir: **„Hab keine Angst, du wirst nach Deutschland kommen zu deiner Schwester. Du wirst überleben, ich bin bei dir."**

Es wird schon Abend. Die Sonne färbt sich rot und wirft ihre letzten Strahlen durch das Fenster. Es sind inzwischen vielleicht sieben Tage vergangen. Ich habe immer noch kein Zeitgefühl. Ich habe mich von den anderen Kindern abgesondert und sitze schon den ganzen Tag allein in einer Ecke der Küche. Mein Traum geht mir nicht mehr aus dem Kopf. Die anderen Kinder haben mich ausgelacht, als ich ihnen erzählt habe, dass ich überleben und nach Deutschland kommen werde.

„Ach, Cadette, hör auf zu träumen", haben sie gesagt, und dann weiter Ball gespielt. Außer Jean, er hat mir geglaubt. Dass ich im Traum eine Lichtgestalt gesehen habe, habe ich jedoch nicht einmal Jean gegenüber erwähnt. Das behalte ich für mich. Das ist mein Geheimnis. Der Traum hat sich so real angefühlt! Habe ich mir das etwa alles nur eingebildet? Ich weiß es nicht, aber ich will mich so gern daran festhalten.

Deutschland, davon hat Papa immer erzählt. „Das Land der Dichter und Denker", hat er immer geschwärmt und dann ein bisschen Beethoven auf dem Klavier gespielt. Ich glaube, Beethoven war der Komponist, der taub war. Ich erinnere mich nicht mehr so richtig, aber die Erinnerung an diese Momente mit meinem Papa helfen mir, gedanklich wenigstens für einen kurzen Moment aus meiner aktuellen, ausweglosen Situation zu fliehen.

„Cadette", ein Schatten ist plötzlich auf mir. Es ist meine Tante. „Alois, der Sohn von Darius ist da. Er sagt, er könne dich mitnehmen und bei ihnen verstecken. Du wärst dort sicherer als hier, meint er." Ich sehe meiner Tante an, dass es ihr sichtlich schwerfällt, mir das zu sagen und mich gehen zu lassen. Darius, der Mörder und Interahamwe? Zu dessen erwachsenem und bestimmt nicht ungefährlichem Sohn soll ich gehen? Aber ich vertraue ihr. Wenn meine Tante sagt, dass es meine Chance sein könnte zu überleben, werde ich zu ihm gehen.

„Wenn du bei der Familie von Alois bist, ist das besser. Die Interahamwe wissen ja alle, wo wir uns aufhalten, aber bei ihm vermutet dich niemand", fährt meine Tante fort. „Steh auf und vertraue darauf. Gott ist mit dir." Sie drückt mich kurz. Ich wechsle ein paar Blicke mit Jean und Louise, dann drehe ich mich um und verlasse an Alois' Seite das Haus, das für ein paar Tage mein sicherer Hafen gewesen ist.

Alois nimmt mich mit zu seinen Eltern. Zu Darius. Dem Mörder. Mir schießen direkt die Erinnerungen wieder ins Gedächtnis: *Plötzlich klopft es an der Tür und eine Männerstimme ruft: „Wir wissen, dass ihr euch hier drin versteckt. Kommt alle raus!" Doch keine der Frauen bewegt sich. Wir sitzen alle wie erstarrt da und schauen ängstlich und gebannt auf die Tür. Eine Sekunde später wird diese eingetreten und mitten im Wohnzimmer steht ein großer, bösartig aussehender Mann. Ich erkenne ihn. Er heißt Darius und ist einer unserer Nachbarn.*

Doch glücklicherweise ist Darius selbst bei meiner Begrüßung nicht da. Aber seine anderen zwei Kinder, die im gleichen Alter sind wie ich, und seine Frau sind zu Hause. Alois setzt mich bei ihnen ab und geht dann in sein eigenes Haus, das direkt gegenüber liegt. *Warum sind sie so nett zu mir und helfen mir?*, wundere ich mich. Trotzdem spiele ich mit den Kindern. Am nächsten Tag rufen mich Darius, der inzwischen wieder nach Hause gekommen ist, und seine Frau zu sich ins Esszimmer. Ihre beiden Kinder sitzen neben ihnen. Als ich ihn sehe, wird mir schlecht vor Wut. Ich werde nie vergessen, was er mir angetan hat. Was er unserem Dorf angetan hat! Aber ich verstelle mich und versuche, naiv und unwissend zu wirken. Ich will nicht, dass er merkt, dass ich genau weiß, was er getan hat.

„Marie, setz dich zu uns. Es ist etwas passiert…" Darius und seine Frau sehen mich an und ich meine, einen Anflug von Häme in ihren Gesichtern zu erkennen. Innerlich bereite ich mich auf das Schlimmste vor und mache mein Herz ganz fest.

„Deine Oma, Marie, hat sich vor die Soldaten gestellt, als sie am 11. April zu eurem Haus kamen", beginnt eines der Kinder zu erzählen. „Sie schrie sie an und sagte: ‚Bitte bringt mich um, aber verschont meine Kinder!' Und dann schossen sie. Daraufhin stürmte dein Bruder Jules voller Panik aus dem Haus und wurde ebenfalls direkt erschossen."

Während ihr Kind mir das erzählt, schauen Darius und seine Frau dem Schauspiel wortlos zu. Ich kann ihre Gesichter nicht lesen, aber womöglich macht es ihnen einfach Spaß, mich leiden zu sehen. Irgendwann zischt die Frau ihre Kinder an: „Es reicht, erzählt nicht zu viel!"

Ich stehe stumm da und die Gedanken in meinem Kopf rasen. Erneut steigen Erinnerungsfetzen in mir hoch: *Plötzlich ruft mein Bruder Jules laut und panisch: „Ich sehe Soldaten!" Erschrocken zeigt er mit dem Finger in Richtung des Hügels. Ich sehe mehrere Soldaten, die sich schnell den Hügel hinunterbewegen. Alle halten kurz inne, dann macht sich Panik breit. „Lauft!", ruft mein Papa, und in der nächsten Sekunde packt mich schon die Hand meiner Mama und wir rennen durch die Eingangstür, um das Haus herum und den nächsten Hügel hinab.*

Ich versuche, mich zusammenzureißen, denn ich möchte nicht vor ihnen weinen. Wie soll ich diesen Schmerz jemals ertragen? Wie soll mein Herz das aushalten? Wie soll ich damit leben – sollte ich das alles hier überhaupt überleben? Ich fühle mich unendlich leer. Bisher wusste ich nicht, dass sich Leere so kalt anfühlen kann. Kurze Zeit später ruft Darius' Frau uns zum Mittagessen. Ich bin wütend und traurig, aber mein Hunger ist größer. Ich stopfe das Essen nur so in mich hinein. Diesmal sind nicht so viele andere hungrige Kinder da und ich kann mich endlich sattessen.

„Ist die Tochter von Modeste hier?" Eine Stimme hallt durch die Wohnung.

„Wer will das wissen?" Darius steht so breitbeinig und breitschultrig im Türrahmen, dass er alles verdeckt und ich nichts sehen kann.

„Mein Name ist Jean-Joseph. Jemand aus Kamembe sucht sie und ich soll sie bringen."

„Aus Kamembe? Aus der Großstadt? So ein Quatsch."

„Doch, sie hat da Verwandte."

Meine Ohren werden immer größer. Ich habe Verwandte in Kamembe? Das wusste ich ja gar nicht!

„Wer ist das?", frage ich die Frau von Darius, die neben mir steht.

„Ich weiß es nicht", antwortet sie. „Aber du solltest nicht mit ihm mitgehen. Vielleicht hat er etwas Schlimmes mit dir vor. Wir kennen ihn ja gar nicht."

Ich überlege kurz. Der Name Jean-Joseph kommt mir nicht bekannt vor. Die Frau hat bestimmt recht, auch wenn ich immer noch nicht einschätzen kann, auf wessen Seite sie eigentlich steht und ob sie es wirklich gut mit mir meint.

„Ich möchte nicht mit ihm gehen", sage ich laut zu Darius und zu seiner Frau. Diese wiederholen meine Antwort gegenüber dem fremden Mann, der daraufhin verschwindet.

Saraphina steht vor dem Grundstück von Darius. Ich kann es kaum fassen. Ich kann meine Tränen nicht halten und renne auf sie zu. Sie hat überlebt! Seit dem gemeinsamen Frühstück am 11. April, dem Todestag meiner Mama, habe ich sie nicht mehr gesehen. Ich wusste die ganze Zeit nicht, wo sie ist, wo sie sich versteckt hat und ob sie überhaupt noch lebt. Aber das ist jetzt egal. Sie lebt! Ich sprudle über vor Freude.

„Cadette mwiza" („Cadette, meine Schöne"), begrüßt sie mich. Sie weint ebenfalls und wiederholt immer und immer wieder diese zwei Worte: „Cadette mwiza, Cadette mwiza". Ich sehe in ihren wunderschönen schwarzen Augen mit den grauen Sprenkeln eine Mischung aus tiefem Schmerz und Erleichterung. Sie sieht mich prüfend an, als wenn sie sich vergewissern möchte, ob ich es auch wirklich bin. Dann streichelt sie mir immer wieder über den Kopf und küsst mich auf die Stirn.

„Wie hast du mich gefunden?", frage ich sie.

„Ich war in dem Haus, in dem du zuletzt warst, und wollte schauen, wie es dir geht. Von Nachbarn habe ich erfahren, dass du dort bist. Deine Tante Mama Louise hat mir dann gesagt, dass Alois dich abgeholt hat." Dabei streichelt sie mich weiter und sieht mich liebevoll an.

Plötzlich fällt mir ein Mädchen auf der anderen Straßenseite auf: Hat das etwa meine Schuhe an? Es sind Kinder der Interahamwe, die dort Fußball spielen, und die Schuhe des einen Mädchens sehen exakt aus wie meine! Ich merke, wie die Wut wieder in mir hochkriecht. Ich schaue auf meine nackten, schmutzigen Füße. Wer hat diesen fremden Menschen erlaubt, einfach die Sachen aus unserem Haus zu stehlen? Ich balle meine kleinen Hände zu Fäusten zusammen.

„Saraphina", flüstere ich. „Saraphina, hast du gesehen? Das Kind dort hat meine Schuhe an! Ich muss sie mir zurückholen. Es sind *meine* Schuhe. Sie gehören mir!"

„Marie!", Saraphina schaut mich mit festem Blick an. „Du gehst nirgendwo hin, hast du das verstanden?"

„Doch, ich muss!" Ich lasse ihre Hand los, gehe an ihr vorbei, und stapfe wutentbrannt los. Das sind *meine* Schuhe, sie stehen mir zu und ich werde sie mir zurückholen! Doch ich komme nicht weit, denn Saraphina packt mich am Arm, zieht mich zurück und gibt mir eine schallende Ohrfeige.

„Bleib ruhig!", zischt sie. Dann nimmt sie mich in den Arm und drückt mich ganz fest. „Du musst stark sein, Cadette! Ich glaube daran, dass du eines Tages noch viel schönere Schuhe bekommen wirst!" Ich schicke noch einmal böse Blicke in Richtung der Kinder, bleibe aber gehorsam neben ihr.

Wenig später verabschiedet sich Saraphina von mir und ich gehe zurück ins Haus.

Kapitel 4

Alois packte mich wütend und zog mich hinter sich her durch die Straßen von Giheke. Er hatte erfahren, dass ich ihm keinen Nutzen mehr bot. Das Erbe meines Vaters hatten andere Interahamwe schon unter sich aufgeteilt. Also ging Alois leer aus, obwohl er gehofft hatte, mich als Joker einsetzen zu können, wenn ich mich bei seinem Vater aufhielt. Er brachte mich zum nächsten Dorf. Auch dieses war eine Hochburg der Interahamwe. Er hielt an dem Haus von einer Frau namens Nyiramukera und stellte mich vor sich. Er hätte mich einfach umbringen können, aber aus mir bis heute unerfindlichen Gründen tat er es nicht.

Alois klopft und die Tür öffnet sich. Vor mir steht Saraphina, die hier offensichtlich Unterschlupf gefunden hat. Ich schaue sie mit weit geöffneten Augen an.

„Hier ist sie! Ich brauche sie nicht mehr", brummt Alois und deutet auf mich.

Saraphina sieht Alois an: „Ich kann das nicht entscheiden."

Dann wendet sie sich mir zu: „Aber Cadette, ich kümmere mich. Hab keine Angst." Eine mir unbekannte Frau erscheint im Türrahmen und drängelt sich an Saraphina vorbei. Sie funkelt mich böse an und schreit laut: „Ihr seid verrückt. Ich nehme alle auf, aber auf keinen Fall die Tochter von Modeste, jeder kennt sie! Seht sie euch doch an!", fügt sie hämisch hinzu. Ich schaue an mir hinab. Meint sie meine schmutzigen Füße? Oder meine kaputten Fingernägel? Ich verstehe sie nicht. Meine Eltern hatten mir nie gesagt, dass es Unterschiede zwischen uns Menschen gibt. In den letzten Wochen habe ich zwar mitbekommen, dass Menschen etwas gegen uns haben, weil wir Tutsi sind. Aber ich verstehe immer noch nicht, warum. Meine Nase ist schmaler und mein Hals ist lang. Aber sonst? Was ist so verkehrt an mir? Und warum will sie mich nicht verstecken?

„Ist mir egal, was mit ihr wird. Ich nehme sie jedenfalls nicht wieder mit", zischt Alois, dreht sich um und geht. Die Frau schaut mich verächtlich an und verschwindet im Haus.

Ich setze mich vor die Haustür, meine Beine geben unter mir nach. Ich weiß nicht, wie mir geschieht. Wo soll ich denn nun hin? Wo soll ich die anbrechende Nacht verbringen? Ich umschlinge meine Knie mit meinen Armen. Ich wundere mich, dass Alois mich nicht einfach umgebracht oder mir irgendeine Form von Gewalt angetan hat. Stattdessen sitze ich hier unversehrt auf dem Boden.

Saraphina kommt zu mir nach draußen und sagt: **„Steh auf, Marie, ich lasse dich nicht im Stich.** Und wenn wir uns allein im Gebüsch verstecken müssen. Ich werde dich niemals im Stich lassen." Sie nimmt mich liebevoll am Arm, zieht mich hoch und wir gehen gemeinsam weg von diesem schrecklichen Ort, wo niemand mich will.

Saraphina schaut sich die ganze Zeit angespannt um, denn es ist nicht leise hier draußen. In der Ferne hören wir lautes Grölen und Lachen. Und Musik. Das Dorf feiert! Aber was feiern sie? Die vielen toten Menschen? Ich kann es mir nicht erklären, aber ich spüre sehr deutlich Saraphinas Angst.

„Pssst!", hören wir plötzlich eine Stimme. Ich schaue mich um, aber kann niemanden erkennen. Dann tritt eine Frau aus der Dunkelheit näher an uns heran.

„Oh, Theresia", flüstert Saraphina. Ich erkenne die Frau sofort. Sie ist die Schwester von keinem Geringeren als Matayo. Matayo ist einer der bösen Interahamwe im Dorf. Einer der Topmörder, das weiß ich, denn er schämt sich nicht, sich mit seinen Taten zu brüsten. Ich erschaudere innerlich. Dass ausgerechnet seine Schwester uns hier sieht. Es könnte unser Ende sein. Ich starre sie an. Saraphina hält meine Hand ganz fest. Die Frau starrt zurück. Dann wechselt sie einen kurzen Blick mit Saraphina.

„Sie kann hier nicht bleiben!", sagt Theresia schließlich leise.

„Aber wo soll ich mit ihr hin?" Saraphinas Stimme zittert, aber ihre Hand ist warm und hält meine eisern fest.

„Kommt mit, wir fragen meinen Vater, ob er einwilligt, Cadette für eine Nacht aufzunehmen." Theresia sieht sich kurz um, und dann schleichen wir die Straße weiter hinunter. Das Grölen der feiernden Männer untermalt die ganze Szene. Wir sprechen kein Wort. Kurz darauf sind wir schon da. *Warum ist sie so nett und will mir helfen? Und wie kann ich bei Matayos Vater übernachten?*, grüble ich.

Theresia klopft an die Tür und geht dann kurz allein ins Haus. Matayo wohnt nur ein paar Häuser weiter entfernt. Saraphina und ich warten schweigend vor der Tür. Wir schauen uns an. Was wir gerade erleben, fühlt sich irgendwie unecht an, als wären wir Teil eines Films, dessen Ende wir noch nicht kennen.

„Ach, du Schreck, was ist denn hier los?", fragt plötzlich jemand hinter uns. Wir drehen uns um. Hinter uns steht Faina, die Ehefrau von Matayo und somit die Schwägerin von Theresia. Sie schaut uns liebevoll und voller Barmherzigkeit an. Besonders auf mir ruht ihr Blick lange. „Sie braucht ein Versteck!" Faina nickt in meine Richtung. „Habt keine Angst. Ich habe mitbekommen, was passiert ist und möchte gern helfen."

Träume ich?, frage ich mich. *Ist das möglich?* Faina unterbricht meine Gedanken: „Cadette, deine Eltern haben uns nie etwas Böses angetan. Sie waren stets freundlich zu uns und unseren Kindern. Vielleicht erinnerst du dich? Ihr habt uns damals Kleidung für meine Kinder gegeben." Jetzt weiß ich, warum meine Mama mir damals sagte, ich solle die Pullover zusammensuchen, die mir nicht mehr passen. Die Kinder von Faina und andere Kinder aus dem Dorf haben sie bekommen!

Theresia kommt wieder aus der Haustür und wechselt einen kurzen Blick mit ihrer Schwägerin. „Es geht in Ordnung. Eine Nacht kannst du hierbleiben, Cadette. Aber länger nicht."

Dann wendet sie sich direkt an Saraphina: „Wir müssen Cadette so schnell wie möglich hier aus dem Dorf bekommen. Die Nachricht hat sich schnell verbreitet, dass sie hier ist. Alle Interahamwe wissen Bescheid: Cadette, die Tochter von Modeste, dem Gebildeten, befindet sich in unserem Dorf." Dann richtet sie sich wieder an ihre Schwägerin: „Sie hat Angehörige in Kamembe, wie ich mitbekommen habe. Ich würde sie morgen früh dorthin begleiten. Faina, würdest du mitkommen?"

Faina nickt und sagt: „Ja, sie muss schnellstens hier weg. Vertrau uns, Saraphina."

Saraphina kniet sich hin, um mit mir auf Augenhöhe zu sein. Dann nimmt sie mich in den Arm. Wir wissen beide, dass es so sein muss. „Gott ist mit dir, Cadette", sagt sie mit fester Stimme. „Hab keine Angst." Dann umarmt sie mich noch einmal sehr fest. Am liebsten würde ich sie nie mehr loslassen. Dann dreht sie sich um und geht die Straße hinunter zurück in das Haus von Nyiramukera. Sie dreht sich noch einmal nach mir um und winkt mir zu. Dann öffnet Theresia die Tür für mich und ich trete ein.

Als ich wenig später mit einer dünnen Decke auf dem Boden liege, rasen die Gedanken durch meinen Kopf. Wie soll ich das überleben? Wie soll ich von Giheke nach Kamembe kommen mit meinem Aussehen als Tutsi? Plötzlich fällt mir mein Traum wieder ein. Ich denke an die Lichtgestalt, die mir darin erschienen ist und die zu mir gesagt hat: ‚Hab keine Angst, du wirst überleben. Du wirst nach Deutschland kommen.'

Also falte ich meine Hände und bete zum ersten Mal ohne meinen Papa: „Lieber Gott, ich weiß nicht, wie es gehen soll. Du hast mir gesagt, dass ich überleben werde und dass ich nach Deutschland komme. Aber wie soll das gehen? Morgen gehe ich nach Kamembe. Ich lege diesen Weg in deine Hand. Ich lege mein Leben in deine Hand. Amen."

Erschöpft falle ich in einen traumlosen, unruhigen und kurzen Schlaf.

„So, wir können aufbrechen!" Theresia steht neben Faina und mir. Es ist sehr früh, nur die anbrechende Morgendämmerung hellt die stockdunkle Nacht am Horizont schon etwas auf. Die Straßen sind wie leergefegt. Niemand außer uns ist unterwegs. Wir laufen schnell und unterhalten uns nicht. Immer achtsam.

Angespannt. Und ängstlich. Wir müssen aus dem Dorf heraus, ohne dass uns jemand bemerkt. Und tatsächlich begegnet uns niemand. Es bleibt leer auf den Straßen. Wir begegnen keiner Menschenseele. Als wenn Gott befohlen hätte: *Macht alle den Weg frei, hier kommt meine Tochter*, denke ich. Bei diesem Gedanken muss ich kurz schmunzeln.

Nach einer Stunde merke ich, dass ich Pipi muss. Also gehe ich abseits des Weges ins Gebüsch und hocke mich hin. Plötzlich kommt von mitten aus dem Nirgendwo ein Mann direkt auf Faina und Theresia zu. Ich kann ihn durch das Geflecht aus Blättern und Ästen nur schemenhaft sehen. Er bleibt stehen und sagt dann teilnahmslos: „Da oben liegt eine Leiche im Gebüsch." Es klingt, als würde er übers Wetter sprechen. Faina und Theresia nicken nur.

„Danke für den Hinweis", antwortet Faina nüchtern und kurz angebunden. Dann wendet sich der Mann ab und geht weiter. *Was für eine komische Begegnung*, denke ich, und warte, bis ich den fremden Mann nicht mehr sehen kann. Erst dann komme ich wieder aus meinem Versteck heraus.

Wir laufen noch zwei weitere Stunden. Mir kommt der Gedanke, dass wir vielleicht wegen mir viel länger nach Kamembe brauchen, weil ich nicht so schnell laufen kann wie die Erwachsenen. Der rote Staub auf der Straße wirbelt bei jedem Schritt um meine Füße und färbt sie rötlich-braun. Und die ganze Zeit bleibt die Straße leer.

„Warum helft ihr mir?", frage ich irgendwann die beiden Frauen.

„Marie, wir sind Christen und glauben an Gott. Wie dein Papa. Wir wollen etwas Gutes tun", antwortet Theresia. Das verstehe ich. Meine Eltern sind auch immer so gütig und großzügig gewesen. Ich verstehe allerdings nicht, warum diese Frauen aus einer Familie kommen, in der jemand so böse Dinge tun und andere, unschuldige Menschen töten kann. Aber das sage ich nicht laut.

„Was ist eigentlich in dem Haus passiert, wo ich zuletzt war? Das Haus, aus dem Alois mich herausgeholt hat? Wisst ihr, wie es den Menschen geht, die dortgeblieben sind?", unterbreche ich irgendwann die Stille. Theresia und Faina wechseln einen kurzen Blick. Sie ringen um Worte, dann sagt Theresia: „Marie, in dem Haus, in dem du warst, haben meines Wissens nach nicht viele überlebt. Es tut mir leid." Meine Augen werden ganz groß. Was ist passiert?

„Wenige Tage später, nachdem Alois dich geholt hat, haben die Interahamwe das Haus überfallen und die meisten Menschen darin getötet", fährt Theresia leise fort. Ich kann es nicht fassen. Soll es etwa auch Jean getroffen haben? Mein Herz wird kalt vor Schmerz. Und hart vor Ärger. Ich schließe es ein in einen Schutzpanzer und in mir macht sich eine wilde Entschlossenheit breit: Ich lebe. Ich werde leben. Ich will leben.

Nach einer weiteren Stunde sehen wir eine Straßensperre. Die Schritte von Theresia und Faina werden unmerklich langsamer.

„Das wars, jetzt werden wir alle erschossen!", flüstert Faina uns zu. Die Soldaten unterhalten sich miteinander und drehen sich dann zu uns um.

„Wer seid ihr, wo kommt ihr her?", bellt der eine und fixiert dabei nur mich. Ich habe in diesem Moment das Gefühl, aus mir selbst herauszutreten. Ich kann mich plötzlich von oben sehen. Mein Geist ist nicht mehr in mir, ich bin nur noch eine Hülle, die sich bewegt. Die Soldaten beginnen, mir politische

Fragen zu stellen und ich beantworte sie seelenruhig und vollkommen ungerührt.

Faina neben mir bewegt sich die ganze Zeit keinen Millimeter vor Angst. Ich beantworte Fragen, die ich eigentlich unmöglich mit meinen neun Jahren hätte beantworten können. Dann öffnen die Soldaten die Barrikaden und lassen uns hindurchgehen.

„Lauft weiter. Weiter geht's!", ruft der Soldat und bedeutet uns mit einer Handbewegung zu gehen. Ich spüre, wie ich in meinen Körper zurückkomme und plötzlich wieder ich bin. Faina dreht sich zu mir und sagt leise: **„Cade, der Heilige Geist hat gerade eben durch dich gesprochen."**

Wir laufen weiter die rötlich-braune Straße entlang, bis sie sich plötzlich in eine Teerstraße verwandelt. Auf einmal sehen wir einen Mann, der am Wegesrand auf einem Stein sitzt. Er steht auf, als er uns sieht, und kommt uns entgegen. Als wir nur noch ein paar Armlängen von ihm entfernt sind, spricht er uns an: „Hallo", sagt er. „Ich bin Jean-Joseph. Bist du die Tochter von Modeste?"

Wir blicken ihn stumm an. Keine von uns sagt etwas. Wir kennen ihn nicht und wissen nicht, was er von uns will. Aber er kommt mir trotzdem irgendwie bekannt vor. Wo habe ich ihn nur schon mal gesehen und warum will er wissen, ob ich die Tochter von Modeste bin? Jedenfalls sieht er freundlich aus.

Der Mann unterbricht die Stille und sagt: „Deine Verwandten in der Stadt suchen nach dir, und ich hatte heute dieses starke Drängen, dass ich hierherkommen und auf dich warten soll. Du bist doch die Tochter von Modeste, oder?"

Ich nicke langsam: „Ja, ich bin Marie aus Giheke."

„Ich würde dich nach Kamembe bringen. Ich wollte dich damals schon bei Darius abholen, aber sie wollten dich nicht gehenlassen."

Ich nicke wieder. *Wie hat er bloß erfahren, dass ich dort war?*, überlege ich. Faina und Theresia wechseln einen kurzen Blick. Faina scheint Jean-Joseph zu kennen, so wirkt es zumindest auf mich.

„Gut, dann würden wir sie dir übergeben und zurückgehen."

„Es ist sicherer für dich mit einem Mann weiterzugehen als mit zwei Frauen", sagt sie, dann wieder mir zugewandt.

„Cadette, pass gut auf dich auf. Gott segne dich." Dann drehen sich beide um und gehen den ungepflasterten Weg zurück in ihr Dorf. Ich wende mich Jean-Joseph zu und blicke in die Zukunft. Kamembe liegt vor mir, und ich habe keine Ahnung, wer und was mich dort erwarten wird.

Als wir in der großen Stadt ankommen, muss ich mehrmals schlucken. Ich versuche, alle Eindrücke in mich aufzunehmen und zu verarbeiten, aber es sind viel zu viele. Gerade ist hier die morgendliche Rushhour und die Menschen hetzen zur Arbeit. Immer wieder starrt mich jemand an, aber niemand hat Zeit. Ich laufe dicht neben Jean-Joseph her. Er kennt sich aus, das merke ich. Ich bin sicher bei ihm. Zwischendurch lächelt er mich ermutigend an.

„Komm, Marie", sagt er schließlich. „Ich weiß, wo du unterkommen kannst."

Wir nähern uns einem unscheinbaren Haus, das in der Mitte einer schmalen Straße liegt. Die meisten Straßen sind hier geteert. Man kann nicht in den Garten des Hauses hineinschauen, weil drumherum eine hohe Mauer steht. Es sieht ein bisschen wie ein Gefängnis aus, aber wirkt eben auch sehr sicher.

Jean-Joseph klopft, und die Tür öffnet sich. Eine sehr schöne Frau mit hellbrauner Haut öffnet. *Wow, sie ist wunderschön!* Ich versuche, sie nicht mit offenem Mund anzustarren. „Hallo, ich bringe euch die Tochter von Modeste. Danke, dass ihr sie aufnehmt." Die Frau nickt und lächelt mir dann zu. „Hallo, Marie, wir haben schon auf dich gewartet. Komm rein." Sie legt ihre Hand auf meine Schulter und bedeutet uns, einzutreten.

„Vielen Dank für alles", sagt sie zu Jean-Joseph. Danach bittet sie ihn sich hinzusetzen und bietet ihm etwas zum Trinken an. Als er schließlich wieder aufbricht, werfe ich ihm einen letzten Blick zu. Dieser fremde Mann hat sein Leben für mich riskiert, wie kann ich ihm nur danken? Er lächelt mir zu und hebt kurz die Hand. Dann schließt sich die Tür.

„Weißt du, Marie", sagt die Frau freundlich. „Ich freue mich sehr, dass du hier bist. Wir sind verwandt, du und ich. Mein Name ist Samira. Wir haben dich schon gesucht. Ich stelle dir nachher alle vor, aber erst mal zeige ich dir, wo du schlafen kannst."

Sie redet ununterbrochen auf mich ein, aber das in einem beruhigenden Tonfall, sodass ich zwar etwas überrumpelt bin, mich aber dennoch willkommen und wohl fühle. Sie führt mich in ein Zimmer, in dem ein etwa 12-jähriges Mädchen auf dem Bett sitzt und gerade ein Buch liest.

„Das ist Marie. Sie wird die nächsten Tage dein Zimmer mit dir teilen."

Das Mädchen nickt und sieht mich neugierig an.

„Marie, ich besorge dir erst mal eine Decke und ein Kissen, damit du ein wenig ausruhen kannst. Und du hast sicherlich Hunger. Wasser ist im Bad, dann kannst du dir nachher

Gesicht, Hände und Füße waschen. Und wir finden sicherlich auch etwas Frisches zum Anziehen für dich." Sie schaut mich an und mir wird bewusst, wie schmutzig und ausgezehrt ich aussehen muss. Außerdem habe ich tatsächlich fürchterlichen Hunger.

Wenig später falle ich sauber und mit vollem Bauch in einen tiefen Schlaf. Ich bin in Sicherheit. Endlich.

Die ganze Flucht nach Kamembe war für mich aus heutiger Sicht nur möglich durch die übernatürliche Führung des Heiligen Geistes – und dass wir von den Soldaten an der Straßensperre durchgelassen wurden, war zweifelsohne sein Verdienst. Ich hatte als Kind schon einmal etwas vom Heiligen Geist gehört, konnte mit ihm jedoch noch überhaupt nichts anfangen. Als Faina mir damals sagte, der Heilige Geist habe eben durch mich gesprochen, nahm ich das erst einmal so hin, ohne es wirklich zu verstehen. Ich spürte und wusste intuitiv aber, dass in diesem Moment etwas Besonderes passiert sein musste. Damals konnte ich noch nicht ahnen, dass dieser wunderbare Heilige Geist mich nicht nur körperlich, sondern auch seelisch wieder in die Freiheit führen konnte ...

Aus Tagen sind Wochen geworden. Heute ist Sonntag, aber wir gehen in keine Kirche. Zum einen sind meine Verwandten Moslems, wie ich herausgefunden habe, zum anderen befindet sich die Stadt immer noch im Ausnahmezustand. Es ist nicht sicher hier. Und doch fühle ich mich sicher. Ich kann sogar in den Garten gehen und spielen, weil mich aufgrund der hohen Grundstücksmauern niemand sehen kann. Für den Moment geht es mir gut. Ich habe keinen Hunger. Nachts schlafe ich tief.

Die Familie ist freundlich zu mir, doch ich vermisse meine Eltern und meine Geschwister schmerzlich und frage mich sehr oft, wer von meinen Verwandten noch lebt und ob ich jemals jemanden von ihnen wiedersehen werde. Und was soll aus mir werden? Werde ich jetzt für immer hier wohnen bleiben?

Das Mädchen der Familie, mit dem ich ein Zimmer teilte, schien sehr cool zu sein. Sie wusste über die neueste Mode Bescheid, zeigte mir, wie ich mich „cool" benehme und war viel unterwegs. Manchmal überforderte sie mich mit dem, was sie erzählte. Sie redete mit mir oft über Schminktipps und Jungs, in die sie verknallt war. Ich war nicht sehr interessiert an ihren Themen und verstand sie oft nicht, aber ich war dankbar für jede Ablenkung von meinen eigenen, düsteren Gedanken. Außerdem wollte ich nicht unhöflich sein. Ich war dankbar, dass diese Familie mich aufgenommen hatte und dass dieses „coole Mädchen" bereit war, ihr Zimmer mit mir zu teilen.

Und doch fühlte sich alles so unwirklich an. Ich war in einer anderen Stadt in einer fremden Familie. Mein altes Leben schien es nicht mehr zu geben. Es schien einfach ausgelöscht und ausgetauscht worden zu sein durch diese neue merkwürdige Version, auf die ich mich noch nicht so richtig einlassen konnte. Doch die Tage reihten sich aneinander und irgendwie schaffte ich es, Tag für Tag einfach das anzunehmen, was das Leben mir schenkte.

Ich habe einen kleinen Stand in unserer Straße aufgebaut und verkaufe Mandazi. Das sind süße Gebäckteile, vergleichbar mit Donuts. Samira, die schöne Frau, die mich aufgenommen hat, hat sie gebacken. Ich freue mich, dass ich mal raus darf. Es scheint inzwischen so sicher in der Stadt zu sein, dass ich ein klein wenig Normalität zurückerlangen kann. Ich soll zwar trotzdem aufpassen, aber in der Straße, in der ich nun wohne, kennen sich die meisten gut. Es ist ein geschützter Rahmen.

Ich habe schon ein paar Mandazi verkauft, als plötzlich ein Schatten auf mich fällt.

„Cadette!", flüstert eine Stimme und ich blicke auf.

„Saraphina!" Meine Stimme überschlägt sich vor Glück und ich breche in Freudentränen aus.

Ich stehe auf und umarme sie, will sie nie wieder loslassen. Saraphina ist da! Sie lebt immer noch! Und sie hat mich wieder gefunden!

„Cadette, uraho Mama", lacht sie.

„Cadette, wie geht es dir, meine Liebste?" Ich kann es kaum glauben! Saraphina hat ihr Versprechen gehalten, mich nie im Stich zu lassen, und ist den ganzen Weg bis nach Kamembe gekommen, nur um mich zu sehen!

„Wie hast du es bis hierher geschafft? Das ist doch sehr gefährlich für dich gewesen!?", frage ich sie.

„Weißt du, Cadette", sagt sie, „ich habe die ganze Zeit kaum geschlafen, nicht nur wegen allem, was wir erlebt haben, sondern auch, weil ich mir Sorgen um dich gemacht habe. Die Tatsache, dass du hier bist, aber ich nicht wusste, wie es dir geht, hat mich getrieben herzukommen. Ich habe zu Gott gebetet und ihn um Schutz gebeten. Ich sagte ihm, dass ich nicht anders kann, als dich zu suchen. Und selbst wenn ich unterwegs gestorben wäre, dann wenigstens mit dem Wissen, dass ich versucht habe, dich noch einmal zu sehen."

Ich versinke in ihrer Umarmung. Es fühlt sich nach Zuhause an. Ich strahle sie dankbar an.

„Komm, ich zeig dir, wo ich wohne!" Ich nehme Saraphina an die Hand und will sie zum Haus ziehen.

„Marie, warte. Wir müssen die Mandazi von deinem Stand noch zusammenräumen", bremst Saraphina meine Ungeduld.

Ich muss zugeben, dass sie recht hat, und beginne, meinen Stand zusammenzupacken. Saraphina hilft mir dabei und ich strahle sie die ganze Zeit an. Ach, wie ich mich freue, sie zu sehen!

Kapitel 5

4. Juli 1994

Heute ist Liberation Day. Die FPR Partei, die Inkotanyi, haben es geschafft. Sie haben unser Land aus der Gewalt dieser Mörder befreit! Das Blutbad ist vorbei. Ich schreie innerlich vor Freude. Es ist vorbei! Nun sitzen wir alle am Tisch und überlegen, wie es weitergehen soll.

„Wir müssen in den Kongo fliehen", seufzt Samira, die schöne Frau.

„Wieso denn in den Kongo?", frage ich.

„Das ist unser Nachbarland", antwortet sie und fügt hinzu: „Wir müssen dorthin, weil ich Tutsi bin und mein Mann Hutu. Wenn wir jetzt hierbleiben und warten, bis die FPR Soldaten auch Cyangugu erreichen, könnten uns die Interahamwe auf dem Weg zum Kongo umbringen."

„Du hast da einen Onkel, Marie. Der hat vermutlich sogar ein Telefon. Dann kannst du deine Schwester Françoise in Deutschland anrufen!", ergänzt der Vater der Familie, Abdala, freundlich und mir zugewandt.

Das klingt gut für mich. Es gibt mir Hoffnung, und diese Hoffnung gibt mir neue Zuversicht und Kraft. Ich höre nicht

mehr zu, was die Erwachsenen weiter besprechen. In Gedanken bin ich schon in Deutschland bei Michael, Yasmine und
Francoise und träume von Beethovenmusik.

Es ist Abend und es wird schon langsam dunkel draußen. Eine
Plastiktüte mit Kleidung und ein Paar Wechselschuhe baumelt
in meiner rechten Hand, während wir Richtung Grenze laufen.
Ich habe kein Spielzeug dabei. Nichts, an dem ich mich festhalten kann. Ich fühle mich haltlos. Ich muss an meinen Kater Puma
denken und vermisse ihn sehr. Tiefe Traurigkeit überkommt
mich, aber dann fällt mir die Lichtgestalt von meinem Traum
wieder ein, und mein Herz wird plötzlich leichter. Ich denke
an Gott und an meinen Papa, wie er immer gebetet hat, und ich
fühle mich nicht mehr ganz so haltlos. Eher getragen und ruhig.

Wir müssen sehr leise laufen. Wir reden nicht, sind achtsam
und hören auf jedes Geräusch. Es ist gefährlich, was wir hier
machen. Das ist mir bewusst. Wir haben in den vergangenen
Tagen gehört, dass die Soldaten direkt an der Grenze immer
noch Menschen getötet haben. Aber wir können wegen den
Interahamwe auch nicht in Kamembe bleiben. Das würde unseren sicheren Tod bedeuten, so viel hatte ich mitbekommen.

Mir ist kalt, als wir endlich kurz vor der Grenze zum Kongo
ankommen. Ich zittere am ganzen Körper. Jemand gibt mir
seine Jacke und legt sie mir um die Schultern. Rechts von uns
liegt der Kivusee und überall sind Menschen. Menschenmas-
sen, die alle über die Grenze wollen. Autos stehen Schlange
und haben ihre Lichter an, die mir grell in die Augen strahlen
und mich blenden. Wir kommen nur langsam vorwärts.

Die Menschen, die flohen, waren hauptsächlich Interahamwe. Sie flohen vor der FPR. Und ich war mittendrin. Die Interahamwe plünderten unterwegs alles und töteten, wen sie noch lebend finden konnten. Es hätte deshalb ein großes Risiko bedeutet, zu bleiben. An der Grenze zum Kongo kontrollierten Soldaten der alten, ruandischen Regierung die Menschen. Sie schauten, ob im Auto Tutsi zu finden sind, denn die FPR war zu dem Zeitpunkt noch nicht in Cyangugu, der Region rund um Kamembe, angekommen.

Ich sehe, dass die Soldaten auf der ruandischen Seite immer wieder Autos anhalten, Menschen aus ihnen ziehen und dann wegbringen – und wahrscheinlich nie wiederkommen lassen. In diesem Moment öffnet sich die Autotür eines vorbeifahrenden Autos und ein Mann ruft: „Sie kann hier reinkommen!" Ehe ich darüber nachdenken kann, sitze ich eingequetscht zwischen anderen Menschen auf der Rückbank dieses fremden Autos.

„Duck dich", sagt eine Frau. Und ich mache mich so klein wie möglich.

Wir fahren langsam vorwärts, Stück für Stück. Die Soldaten kontrollieren fast jedes Auto. Ich kann die Nervosität förmlich in der Luft flirren spüren. Es herrscht Totenstille im Auto. Dann kommen wir an dem Grenzposten an, fahren langsam an den Soldaten vorbei, die uns einfach durchwinken – und wir sind im Kongo. Keiner schaut in unser Auto, wir haben es geschafft. *Wir haben es geschafft!*

Kurz nach der Grenze klettere ich aus dem Auto und treffe wieder auf die anderen. Wir sind in einem Flüchtlingscamp gelandet. Es ist stockdunkel, Babys schreien und die vielen Menschen und Kinder überfordern mich. Und vor allem bin ich müde. Unendlich müde. Doch wo kann ich schlafen?

Schließlich lege ich mich erschöpft, ohne Decke und Kissen, einfach auf den nackten Boden und schlafe sofort ein. Nach kurzer Zeit wache ich jedoch zitternd wieder auf. Es ist eiskalt. Ich friere fürchterlich. Als die Sonne aufgeht und die ersten Strahlen den Boden berühren, bin ich schon lange wieder wach. Ich hocke auf dem Boden und habe meine Beine umschlungen, um mich etwas zu wärmen.

„Marie, komm, steh auf! Ich bringe dich zu deinem Onkel." Abdala, der Vater der muslimischen Familie, steht vor mir und streckt mir seine Hand entgegen. Ich ergreife sie. Sie ist stark und warm und etwas schwielig. Sie verspricht mir direkt wieder Geborgenheit und Halt. Er wird mich an meine Familie übergeben, dann werden sich unsere Wege trennen.

Wir laufen aus dem Flüchtlingslager hinaus, ein Stück über einen Feldweg und über Wiesen und Hügel, bis wir nach einiger Zeit schließlich zu einem modernen Steinhaus kommen. Die Tür wird aufgerissen, noch bevor wir klopfen können, und eine sehr schöne Frau mit einem bunten Kleid kommt hinausgerannt. Sie kniet sich vor mich hin und nimmt mich in den Arm: „Cadette! Cadette! Herzlich willkommen bei uns in Bukavu! Wir freuen uns so, dass du da bist! Oh Kind, komm rein, komm rein." Meine Tante nimmt mich auf den Arm und trägt mich ins Haus.

„Cadette ist da! Schaut, wer da ist!"

„Oh, wie schön. Was für eine gelungene Überraschung!" Mein Onkel Gasana, der Bruder meiner Mama, strahlt mich an und hat dabei Tränen in den Augen.

„Jetzt geben wir Cadette erst mal was zu essen. Komm, mein Schatz." Meine Tante nimmt mich auf den Schoß und schenkt etwas Milch aus einer Karaffe in eine Tasse. Diese gibt sie mir dann ganz vorsichtig in die Hand.

„Trink schön langsam, Cadette. Nicht gleich alles auf einmal", flüstert sie und streicht mir dabei über die Wange. Auch sie hat Tränen in den Augen. Meine Tante ist so liebevoll, dass sie mich von ihrem Wesen her stark an meine Mama erinnert. Für einen kurzen Moment habe ich das Gefühl, sie wieder bei mir zu haben.

Nachdem ich ausgetrunken habe, nimmt mir meine Tante wieder vorsichtig die Tasse aus den Händen. „So, mein Schatz, bevor ich dir Isombe mache, müssen wir dich erst mal waschen."

Sie bringt mich ins Badezimmer und dreht den Wasserhahn an der Wanne auf. Ich halte meine Hände vorsichtig unter das fließende Wasser. Es ist kalt und wäscht meine Flucht ab. All der Dreck, die Sorgen, die Angst, die schreienden Babys, alles fließt für den Moment mit weg. Meine Tante beginnt, mich vorsichtig zu waschen. Ich sehe, wie ihr dabei die Tränen über die Wangen rollen. Tränen der Erleichterung und der Traurigkeit. Ich kann ihren Schmerz nachempfinden. Nach dem Bad traue ich mich und betrachte mich im Spiegel – und erschrecke: Ich bin nur noch Haut und Knochen, so abgemagert bin ich.

„Nitupe mpira – Wirf mir den Ball zu!" Ich rufe meiner Cousine lachend zu und hoffe, dass sie richtig wirft. „Kiswahili chako kinaendelea kuwa bora – Dein Suaheli wird immer besser!", ruft meine Cousine lachend zurück und nimmt den roten Ball in beide Hände. Sie ist schon eine Teenagerin, aber hat sich trotzdem bereit erklärt, mit mir zu spielen. Das freut mich sehr. Doch sie wirft leider wieder nicht direkt zu mir, sondern etwas daneben. Und so rollt der Ball an mir vorbei und ich muss ihm hinterherlaufen. Er stoppt an den Füßen eines Jungen. Und weil meine Augen so auf den Ball fixiert sind, sehe ich auch zuerst nur diese Füße. Sie sind hell. Ich bleibe verdutzt stehen. Weiße Füße? Mein Blick wandert nach oben und ich bin ganz fasziniert, denn alles an diesem Jungen ist weiß. Sogar seine Haare. Und auch seine Augen sind auffallend hell! So etwas habe ich noch nie gesehen! Ich glaube, der Junge ist ein Albino. Aber ich will ihn nicht beschämen und weiter anstarren, also schaue ich schnell wieder weg und hebe nur den Ball auf.

„Kwa hivyo sasa wacha tujaribu tena – So, jetzt versuchen wir das noch mal!", rufe ich meiner Cousine zu. Ich bin glücklich und mein Suaheli wird wirklich immer besser.

Als ich zurück ins Haus gehe, bestaune ich, wie jedes Mal, die moderne Einrichtung darin. Meine Tante hat wirklich einen guten Geschmack und in ihrem Wohnzimmerschrank stehen ganz viele Teller und Tassen aus Porzellan. Wenn ich den Lichtschalter bediene, schaltet sich ein Deckenlicht an. Überall ist Strom! Das kenne ich von zu Hause nicht. Wir besaßen nur Petroleumlampen und eine Solarlampe, die Michael uns einmal geschenkt hatte. Aber ehrlich gesagt, ich würde alles dafür geben, um zurück in mein altes, einfaches Leben zu kommen und wieder mit meinen Liebsten zusammensein zu können.

Leider hatte mein Onkel im Kongo kein Telefon, wie Abdala und Samira gehofft hatten. Im Hintergrund waren jedoch – ohne mein

Wissen – Françoise und Michael in Deutschland bereits die ganze Zeit bemüht gewesen, mich zu finden. Wie ich später erfuhr, hatten sie tatsächlich die ganzen Wochen nach mir gesucht. Sie setzten alle Hebel in Bewegung, sodass Michael sogar vom damaligen deutschen Außenminister Klaus Kinkel persönlich empfangen wurde, um ihm von mir und meiner Lage zu berichten.

Schließlich bekamen sie über eine Hilfsorganisation mit, dass ich bei unserem Onkel im Kongo gelandet bin. Sie nahmen Kontakt zu ihrer früheren Freundin Solange in Burundi auf und organisierten gemeinsam mit ihr, dass die Hilfsorganisation mich vom Kongo nach Burundi fahren sollte. Denn nur von dort konnte ich nach Deutschland fliegen. Als mich die Mitarbeiter bei meinem Onkel abholten, erzählten sie mir, dass mich Michael und Françoise bereits in Deutschland erwarteten.

Ich sitze im Auto einer Hilfsorganisation und fahre nach Burundi. Die ganze Zeit über denke ich an meine Schwester Françoise und an Deutschland. Das macht mir Mut. Ich denke auch an ihren Mann Michael und an ihre gemeinsame Tochter Yasmine. Ich muss nach Burundi, denn nur von dort aus kann ich nach Deutschland fliegen, so wurde es mir erklärt.

Fünf Stunden holprige und unbequeme Fahrt später kommen wir an einem unscheinbaren Haus an. Ich klopfe und Solange, die Tochter von unserem ehemaligen Nachbarn Gustave, öffnet mir die Tür. Ich zucke kurz zusammen, denn ich erinnere mich sofort an den Moment, als ich ihren Vater zum letzten Mal gesehen habe. Am 11. April in der Bananenplantage. Dem Tag, an dem sich mein Leben für immer verändert hat. Dem Tag, den ich gern ausradieren und für immer vergessen möchte, und der sich doch für immer in meine Seele eingebrannt hat. Bilder. Gerüche. Geräusche. Und zu viele Gefühle wollen in mir hochkommen. Doch ich vergrabe sie alle. Es ist nicht der richtige Zeitpunkt dafür. Das weiß ich sogar mit meinen neun Jahren.

Ich komme in das modern eingerichtete Wohnzimmer und dort ist alles voller Menschen. Ich sehe die Kinder von Solange, ihren Mann und dann auch Jean. Jean ist hier? Er hat es geschafft? Ich bin überglücklich! Ich umarme alle und wir weinen und lachen abwechselnd. Der Fernseher läuft und zieht mich magisch an. Das letzte Mal habe ich in Giheke ferngesehen. Bei meinem Bruder Jean Marie. Der flimmernde Bildschirm fasziniert mich direkt wieder. „Wie heißt denn der Film?", frage ich ein Kind neben mir. „Rambo!", antwortet es. Ich nicke, als wenn ich wüsste, worum es geht.

Ein paar Tage später fühlt sich unser Zusammensein beinahe so an wie früher. Solange und ihr Mann sind wie Ersatzeltern für mich. Sie sind beide jung, dynamisch, optimistisch und sehr liebevoll. Wir Kinder spielen gerade im Schlafzimmer Verstecken, als ich plötzlich eine mir bekannte Stimme höre. Ich renne aus dem Zimmer hinaus in den Flur. Ich kann es kaum fassen: Da steht Jeanne de Chantal. Meine Schwester! Irgendwie muss sie es auch hierher geschafft haben. Sie schreit vor Freude. Ich schreie vor Freude: „Jeanne, du lebst? Du lebst? Wie ist das möglich?" Und Jeanne schreit ebenfalls: „Cadette, du lebst? Du lebst?" Vor Freude finden wir gar keine richtigen Worte. Wir weinen, lachen, schreien gleichzeitig. Ich sehe in Solanges Augen, dass auch sie kaum glauben kann, was hier gerade passiert ist.

Ab diesem Moment weiche ich nicht mehr von Jeanne de Chantals Seite. Ich verbringe die Nacht in ihren Armen. Ich kann es noch immer kaum begreifen: Ich liege in den Armen meiner Schwester! Sie hat überlebt! *Ob Bernadette auch überlebt hat?*, überlege ich kurz. Dann schlafe ich ein.

Mein Glück kehrte langsam zurück. Ich hatte wieder eine Familie. Nun wartete ich aufgeregt auf den Tag meines Abflugs.

Ich hebe den schwarzen Telefonhörer ab und kann mir gar nicht vorstellen, dass ich hier von Burundi gleich nach Deutschland telefoniere. Burundi und Deutschland sind doch so weit voneinander entfernt!

„Hallo?", sagt eine weibliche Stimme auf der anderen Seite der Leitung, und ich erkenne sofort, dass es meine Schwester ist.

„Françoise?", rufe ich aufgeregt.

„Cadette? Cadette, bist du das?", antwortet sie. In diesem Moment laufen mir die Tränen die Wangen hinunter.

„Françoise, Françoise! Ja, ich bin es! Ich lebe, Françoise. Ich habe es geschafft. Ich bin in Burundi, bei Solange, in Sicherheit. Françoise. Oh, Françoise!" Dann kann ich nicht mehr sprechen. Meine Stimme bebt und zittert, doch in meinem Herzen fühle ich Sicherheit und Halt. Ich bin nicht allein. Françoise ist da. Meine größte Schwester ist da.

„Cadette", sagt sie. „Cadette! Ich kann es nicht glauben. Cade, wir haben uns solche Sorgen um dich gemacht. Oh, danke Gott, dass es dir gut geht! Wir haben dich überall gesucht. Michael hat alles unternommen und wollte, dass die Mitarbeiter der Hilfsorganisation dich suchen!"

Dann weint auch sie. Und so sitzen wir mehr als 9500 Kilometer voneinander entfernt und weinen beide vor Erleichterung ins Telefon.

„Wir versuchen alles, was wir können, um dich nach Deutschland zu holen", verspricht Françoise mir schließlich. Ich habe mit Solange alles besprochen und organisiert. Sie wird dir die Flugtickets kaufen und alles, was du brauchst zum Verreisen. Solange wird sich um alles kümmern. Du fliegst dann von der Hauptstadt Bujumbura aus. Hab keine Angst, Cadette. Wir holen dich."

Ich spüre, wie mir das Glück in die Kehle kriecht. Ich würde am liebsten einen großen Freudenjauchzer loswerden. Ich fühle mich so erleichtert und glücklich. Endlich wieder Hoffnung!

Kapitel 6

7. AUGUST 1994

Ich sitze im Flugzeug und kann direkt aus dem kleinen Fenster in den Himmel schauen. Ich musste Jeanne de Chantal vorhin verabschieden. Das war ein bisschen traurig, aber ich weiß ja, dass sie später nachkommen wird.

„Ist alles gut bei dir?" Eine Stewardess beugt sich zu mir und sieht mich freundlich an. Da ich allein fliege, wird sie sich besonders gut um mich kümmern. Das hat sie mir vorhin beim Einsteigen gesagt. Doch für den Moment bin ich versorgt.

„Möchtest du dann nachher etwas trinken? Und schau mal, ich habe hier ein paar Stifte und eine Decke für dich." Sie reicht mir beides, und ich staune darüber.

„Aber erst mal müssen wir dich anschnallen, damit du auch sicher sitzt, wenn wir abheben."

Sie hilft mir dabei, den Anschnallgurt festzuziehen und wendet sich dann mit einem freundlichen Lächeln dem nächsten Fluggast zu.

Ich habe keine Angst, ich bin nur angespannt. Und neugierig. Ich kann mir überhaupt nicht vorstellen, wie es in Deutschland aussieht. Aber ich freue mich sehr, Françoise, Michael und

Yasmine zu sehen – und endlich in Sicherheit zu sein. An all meine schmerzhaften Verluste und die schrecklichen Bilder versuche ich nicht zu denken. Ich vergrabe sie tief in meinem Inneren, an einem dunklen Ort in meinem Herzen, damit die Erinnerungen nicht wieder ungeplant aus mir herausbrechen und mich übermannen können. Es tut zu sehr weh.

Als das Flugzeug über die Startbahn rollt, immer schneller wird und ich in den Sitz gedrückt werde, kribbelt mein Bauch vor Aufregung. Jetzt gibt es kein Zurück mehr. Bald werde ich in Stuttgart sein – auch wenn ich nicht genau weiß, wie man den Namen dieser Stadt ausspricht. Ich habe versucht, es auf meinem Flugticket zu lesen, aber es klingt sehr kompliziert. Hoffentlich ist die deutsche Sprache nicht so schwer!

Kurze Zeit später schweben wir hoch oben in der Luft und alles wird ruhiger. Die nette Stewardess kommt wieder zu mir, bringt mir Bilderbücher und einen Maracujasaft.

„Wenn du magst, darfst du nachher mal zu den Piloten ins Cockpit schauen. Hast du Lust darauf?", fragt sie mich.

Ich schaue sie mit großen Augen an und nicke begeistert. Wie freundlich alle zu mir sind! Das macht es mir leichter und nimmt mir ein wenig die Aufregung. Vor allem lenkt es mich von den Erinnerungen an meinen ersten Flug ab, die wieder in mir hochkommen wollen und mit ihnen der Schmerz ...

Oh, ist das aufregend! Ich klammere mich an meiner Mama fest, als die Propeller des kleinen Flugzeugs beginnen, sich zu drehen. Immer schneller und schneller. Ist das laut! Zum Glück haben wir Kopfhörer auf. Dann hebt das Flugzeug ab und schwebt über dem Boden. Was für ein unbeschreibliches Gefühl: Wir fliegen! Mein Papa sitzt auf der anderen Seite neben mir und strahlt Mama und mich an.

Ich fliege zum ersten Mal in meinem Leben und ich weiß schon jetzt, dass ich diesen Augenblick niemals vergessen werde. Glücksgefühle und Adrenalin sprudeln durch meine Adern, und mein Lachen im Gesicht wird immer breiter. Unter uns werden die Bäume und Cyangugu immer kleiner, aber wir sind noch nicht so weit oben, sodass ich die Reaktionen der Menschen noch gut erkennen kann. Ich sehe Menschen, die zu uns hochzeigen, Kinder, die beim Spiel innehalten und denen der Mund offen stehen bleibt. Ich sehe große Plantagen, die langsam zu kleinen Vierecken werden. Und dann fliegen wir immer höher und höher und ich sehe wie die Wolken näherkommen. Noch nie habe ich mich so schwerelos und lebendig gefühlt wie in diesem Moment.

Schließlich sehen wir Kigali, die Hauptstadt Ruandas, näherkommen. Das ist unser Zielpunkt. Wie klein diese große Stadt von hier oben doch aussieht! Ich schaue an Mama vorbei aus dem Fenster. Diesen Tag werde ich wirklich nie vergessen!

7. August 1994

18.30 Uhr: Wir befinden uns im Landeanflug. Die Stewardess hat mir wieder geholfen, mich anzuschnallen. Ich sehe, wie die Bäume, Häuser und Straßen immer größer werden, bis wir schließlich mit einem Ruck landen.

Als ich aus dem Flugzeug aussteige, ist die Luft genauso warm wie bei meinem Abflug in Burundi. Alles fühlt sich unwirklich an. Die Stewardess nimmt mich an die Hand. „Komm, ich bringe dich zum Warteraum. Dort wartet deine Schwester schon auf dich!" Während wir durch den Flughafen laufen, muss ich aufpassen, dass mir der Mund vor Staunen nicht offen stehen bleibt. So viele weiße Menschen habe ich noch nie gesehen! ,Abazungu', nennt man sie bei uns. Und alle sehen gleich aus! Wie kann das sein? Die werde ich ja niemals auseinanderhalten können!

Die Stewardess öffnet die Tür zu einem Raum. Dort stehen viele Stühle und mittendrin sitzen Françoise, ihr Mann Michael, Yasmine und ein paar Freunde der Familie. Als sie mich sehen, springen sie auf und Yasmine rennt lachend auf mich zu. Ich gehe in die Hocke, um mit ihr auf Augenhöhe zu sein. Ein großer Schwall Liebe überrollt mich und ich schließe sie direkt in meine Arme. Ich kann kaum aufhören zu lachen, so viel unbeschreibliche Freude erfüllt mich bei ihrem Anblick. Wie süß sie ist!

Françoise steht neben mir und ich stehe wieder auf. Direkt schießen mir die Tränen in die Augen. Auch Françoise weint. Meine Schulter wird ganz nass von ihren Tränen. Ich fühle mich erleichtert und erlöst. Geborgen und sicher. Ich bin tatsächlich in Deutschland!

Als wir wenig später im Auto sitzen und vor dem Haus halten, was mein neues Zuhause sein wird, sprudeln meine Gefühle über. Glück, Dankbarkeit, Traurigkeit, Erschöpfung, aber vor allem das tiefe Wissen um diese Sicherheit und Geborgenheit füllen jede Pore meines Seins.

Wir steigen aus. Während wir langsam durch den Garten zur Haustür laufen, merke ich mir sofort alle Details. Im Garten stehen viele Apfelbäume und ganz viele andere Bäume, Blumen und Pflanzen, die ich vorher noch nie gesehen habe. Es gibt viele Ecken und potenzielle Verstecke. Der ganze Garten wirkt wie ein echter Abenteuergarten auf mich. Er ist einfach riesig!

Dann gehen wir nach drinnen. Meine Schwester wohnt im Erdgeschoss in einer großen, schönen Wohnung und irgendwie fühle mich hier gleich angekommen.

Als ich Yasmine zum ersten Mal gesehen habe, war ich acht Jahre alt. Sie war das erste Enkelkind von meinen Eltern, von Papa Modeste und Mama Agathe. Meine Oma, meine Tanten, Cousinen, Nachbarn und auch die Familie von Gustave waren da, um Yasmine willkommen zu heißen. Sie war so ein süßes Baby! Jeder wollte sie halten und ich konnte Tränen in Mamas Augen glitzern sehen. Mamy, Lili und Lou waren auch dabei. Wir sind irgendwann wieder spielen gegangen, aber eigentlich wollte ich die ganze Zeit am liebsten bei Yasmine sein.

Wie sehr freute ich mich, als Mama wenig später mit Yasmine im Arm zu mir kam. Ich war noch zu klein, um sie selbst zu halten, aber ich durfte sie auf Mamas Arm anschauen und streicheln. Sie roch so gut nach Baby! Ich wünschte mir in diesem Moment, ich könnte immer bei Yasmine sein. Nun war ich es wieder. Aber zu welchem

Mein Kindermädchen Séraphine und ich 1989 – und Séraphine heute.

So sah unsere Dorfkirche aus, in der mein Vater an den Feiertagen immer seinen Kirchenchor dirigierte – und wo er später mit ansehen musste, wie einer seiner Söhne vor seinen Augen totgeprügelt wurde.

Heute sieht die Kirche so aus. Für andere Menschen ist sie ein Ort der Hoffnung, doch für mich bleibt sie verbunden mit schmerzhaften Verlusten.

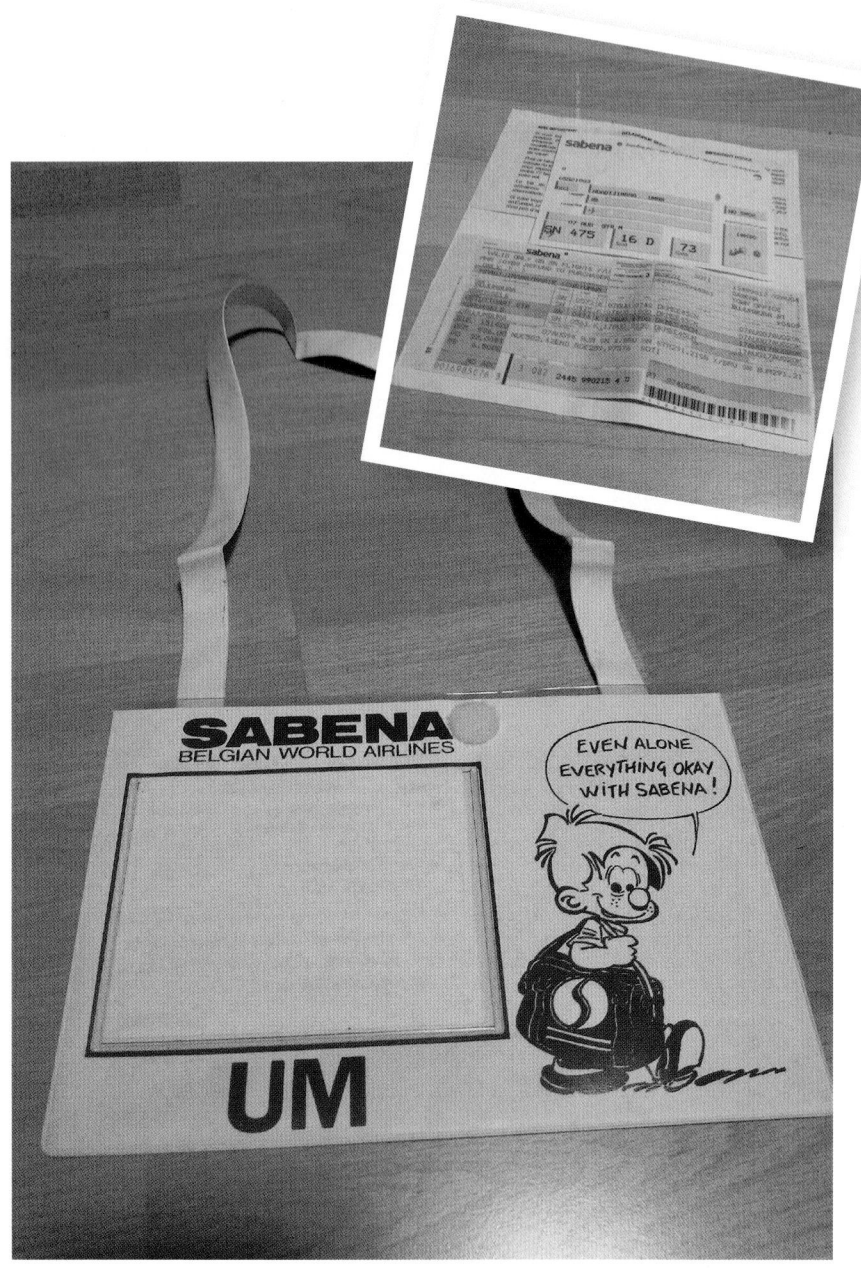

Mit dieser kleinen Tragetasche bin ich 1994 von Burundi nach Deutschland geflogen. Ich habe sie all die Jahre aufbewahrt und werde nie vergessen, wie es sich damals angefühlt hat, mich an sie zu klammern und in eine ungewisse Zukunft aufzubrechen. Oben drauf liegt mein erstes Flugticket nach Deutschland – mein Ticket in ein neues Leben.

Michael und Françoise bei ihrer Hochzeit. Ich bin so dankbar, dass sie mich in der schlimmsten Zeit meines Lebens adoptierten und mir so liebevolle Eltern wurden.

Meine Schwester Jeanne de Chantal vor den Resten unseres Hauses kurz nach dem Genozid.

Dieser Haufen Steine ist alles, was von dem Haus, in dem ich aufgewachsen bin, heute übriggeblieben ist. Doch die herrliche Aussicht ins Grüne ist noch dieselbe.

Meine geliebte kleine Schwester (bzw. Nichte) Yasmine heute! Danke, dass du mir damals die Freude wiedergeschenkt hast!

Und das ist mein kleiner Bruder (bzw. Neffe) Heiko. Kaum zu glauben, dass du schon so groß geworden bist! Danke, dass es dich gibt!

Einer der glücklichsten Tage meines Lebens mit dem tollsten Mann an meiner Seite!

Meine Schwester und „Mama" Françoise, ich und meine Schwester Jeanne de Chantal an meinem Hochzeitstag.

Meine geliebte Schwiegerfamilie und ich. Es ist so schön, zu euch zu gehören!

Dieses Foto fand ich auf meinem Handy: Ich und hinter mir Jesus, der mich voller Liebe anschaut und hält. Bis heute kann ich mir nicht erklären, wie es entstanden ist.

So sah das Bild von Jesus im Ganzen aus.

Der Moment nach meiner Taufe: pure Freude über ein neues Leben in Jesus!

Meine Schwester Berna, meine Cousine Mamy und mein Cousin und bester Freund Parfait.

Françoise, Jeanne de Chantal, Bernadette und ich – meine Schwestern und Freundinnen fürs Leben! Ich bin so dankbar, sie noch zu haben!

Unsere kleine Tochter Lea liebt
die Natur und besonders Blumen. Wir wünschen ihr, dass
sie auf ihrer Entdeckungsreise
durch die Welt immer weiter
aufblüht und dass sie bei allem,
was sie tut, von Gott geschützt
und reich gesegnet wird!

*Preis… Dennoch half mir dieses junge Leben ein wenig dabei, die
Schatten des Todes zurückzudrängen, die mich immer wieder einhüllen wollten.*

August 1994

„Komm, Marie, weil du heute deinen 10. Geburtstag hast,
werden wir zusammen Zwetschgenkuchen backen. Ich zeig
dir, wie das geht." Michael sieht mich erwartungsvoll an und
trinkt dabei seinen letzten Schluck Kaffee aus. Da ich noch
kein Deutsch verstehe, schaue ich meine Schwester Françoise
fragend an und sie übersetzt für mich in Kinyarwanda. Doch
danach habe ich noch mehr Fragezeichen im Gesicht.

„Was sind denn Zwetschgen?", frage ich verwundert. Das
Wort kenne ich überhaupt nicht.

„Das zeige ich dir gleich", antwortet Michael und Françoise
übersetzt weiter. „Aber dafür müssen wir erst mal in den Garten
gehen. Die hängen nämlich noch am Baum, aber – wenn mich
nicht alles täuscht –, sollten die ersten schon reif sein."

Michael steht auf und bedeutet mir mitzukommen. Barfuß
laufe ich ihm durch den großen Garten hinterher, der auf mich
immer noch genauso riesig wirkt wie bei meiner Ankunft vor
ein paar Tagen. Meine nackten Füße hinterlassen Spuren im
Gras – aber nur kurz, denn die Grashalme hinter mir richten
sich in Zeitlupe wieder auf. Zwischen den Grashalmen wachsen
weiße Blümchen mit einem gelben Punkt in der Mitte.
Mich fasziniert jeder Busch, jede Blume. Ich sauge alles in mich
auf, will alles kennenlernen und wissen.

Wir bleiben vor einem Baum mit blau-lilafarbenen, ovalen Früchten stehen.

„So, Marie, das ist der Zwetschgenbaum. Und jetzt pflücken wir sie, bis wir den ganzen Holzkorb hier voll haben. Aber nimm nur die blauen Früchte. Wenn die Zwetschgen noch grün sind, sind sie noch nicht reif." Michael greift fachmännisch in den Baum und zieht einen Ast Richtung Boden und näher zu mir. So komme ich besser dran. Ich pflücke die erste Zwetschge und stelle fest: Es geht ganz leicht.

Schnell ist der Korb voll und wir stehen wieder in der Küche. Michael rührt Mehl, Zucker, Butter und Eier zusammen und erklärt mir, natürlich mithilfe von Françoise, die für mich die ganze Zeit weiterübersetzt, was ich wie abwiegen soll.

Ich weiß nicht, wie ich ihn ansprechen soll. In Ruanda nennt man Erwachsene nicht beim Vornamen. Ich müsste „Papa Michael" sagen, aber er ist ja nicht mein Papa. Also versuche ich, ihn gar nicht direkt anzusprechen.

Später darf ich dann den Teig kneten und das macht mir unglaublich viel Spaß. Wie der Teig zwischen meinen Fingern hindurchquillt – das fühlt sich an wie im Matsch zu spielen. Danach zeigt Michael mir, wie man die Zwetschgen aufschneidet und ihren Stein in der Mitte entfernt. Wir drapieren die Früchte gemeinsam auf dem ausgerollten Teig und krümeln Streusel darüber, dann schieben wir unser Kunstwerk in den Backofen. Die ganze Küche ist voller Mehl, aber das macht nichts, denn kurze Zeit später riecht es so köstlich, dass man alles andere vergisst.

Meine Schwester Françoise streicht sich über ihren runden Babybauch, der ganz schön gewachsen ist in den vergangenen Wochen. Yasmine sitzt neben mir und hält meine Hand fest. Michael stellt uns Gläser und Saft auf den Tisch, bevor er sich zu uns setzt. Françoise und er wechseln einen kurzen Blick, dann atmet sie einmal tief ein und sieht mich direkt an: „Marie, wir haben uns überlegt, dass wir dich gern adoptieren möchten. Dann sind wir deine Eltern, Michael und ich. Das ist in Deutschland rechtlich leichter und wir wünschen uns außerdem für dich, dass du wieder eine richtige Familie und ein Zuhause hier hast. Wir möchten sehr gern Mama und Papa für dich sein."

Ich sehe die Liebe in ihren Augen. Gleichzeitig weint mein Herz, weil wir dieses Gespräch führen müssen. Aber ich bin so dankbar für ihre Liebe. So dankbar, dass sie sich so um mich kümmern. Ich halte die Hand von Yasmine ganz fest und nicke. Ich bin zu Hause.

HERBST 1994

Ich stehe in der neuen Schule auf dem Schulhof und weiß noch nicht so richtig, mit wem ich mich anfreunden will. Die Kinder aus meiner Klasse kommen aus Portugal, Frankreich, Brasilien und allen möglichen anderen Ländern. Wir müssen alle noch Deutsch lernen. Die Mädchen schauen mich aus den Augenwinkeln an und kichern dann. Ich verstehe nicht, warum. Mit den Jungs will ich auch nicht spielen.

Ich zupfe an meinem rosafarbenen Pullover herum und hoffe, dass die erste Hofpause schnell wieder endet. Ach, wenn meine Haare doch schon wieder lang wären. Ich fahre mir über die kurzen Haare und muss an meine alte Schule in Ruanda denken, wo wir alle kurze Haare hatten. Ich konnte es noch nie leiden, doch dort hat mich deswegen nie jemand gehänselt oder allein in der Ecke stehengelassen. Ja, da gab es diese Jungs, die mich immer „Flamingo" genannt hatten, aber Mama sagte mir, dass sie das nur getan hätten, weil sie heimlich in mich verliebt gewesen wären. Mama! Ach, Mama... Schnell schiebe ich den schmerzhaften Gedanken an sie wieder zur Seite.

Es klingelt. Der Unterricht geht weiter.

Ein paar Tage später öffne ich noch etwas verschlafen die Tür zum Klassenzimmer. Es ist 7.40 Uhr und ich bin froh, dass ich nicht zu spät komme. Es ist eine Umstellung, wieder in eine Schule zu gehen, schließlich war ich durch die Flucht sechs Monate lang in keinem Unterricht.

Als ich im Klassenzimmer stehe, fällt mir auf, dass alle Mädchen mich ungläubig anstarren. Ich schaue sie ebenfalls an, und dann an mir herunter. Warum gucken sie denn alle so?

„Du... du trägst ja ein Kleid", sagt irgendwann ein dunkelhaariges Mädchen mit geflochtenen Zöpfen zögerlich.

„Ja, und?", frage ich irritiert. Ist vielleicht etwas mit meinem roten Kleid? Ich schaue nochmal an mir herunter, aber kein Fleck ist zu sehen und kaputt ist es auch nicht.

Ich setze mich an meinen Platz und streiche mir verlegen über die Haare. Und in diesem Moment meine ich zu verstehen, was passiert ist: Die Mädchen mussten die ganze Zeit gedacht haben, ich sei ein Junge! Wegen meiner kurzen Haare!

Mein Schulalltag war grundsätzlich nicht sehr schön, was vielleicht auch daran lag, dass wir schlicht und ergreifend Kommunikationsprobleme hatten. Wir konnten schließlich alle noch nicht wirklich Deutsch sprechen, weshalb wir ja noch in dieser Vorbereitungsklasse waren. Den Lehrern war das natürlich bewusst, aber dennoch wussten sie nicht, was damals in den Kindern vorging. Ich erinnere mich jedoch an eine Lehrerin, die wirklich toll war: Frau Engels. Sie war sehr liebevoll zu mir.

Michael hatte die Lehrer und Lehrerinnen selbstverständlich über meine Situation informiert, deshalb verhielten sich alle entsprechend einfühlsam und freundlich mir gegenüber, aber Frau Engels war besonders nett zu mir. Noch Jahre später traf ich sie ab und zu auf der Straße und wir unterhielten uns dann eine Weile. Und jedes Mal, wenn sie Michael zufällig traf, ließ sie stets Grüße an mich ausrichten. Nach all den Jahren hatte sie mich nicht vergessen. Heute denke ich: Menschen wie sie, die mich so liebevoll und treu auf dem Weg zurück ins Leben begleitet haben, muss Gott selbst geschickt haben.

Das Mittagessen liegt mir schon schwer im Magen, als ich den letzten Bissen Kartoffel mit Soße hinunterschlucke. Ich lege Gabel und Messer zur Seite und seufze schwer. Ich bin traurig, denn heute hat in der Schule schon wieder niemand mit mir gespielt. Ich bin in meiner Heimat nie eine Außenseiterin gewesen und kannte das Gefühl dieser schreienden Einsamkeit sowie diese verächtlichen Seitenblicke der anderen Mädchen bisher überhaupt nicht.

„Marie, was ist denn los? War es heute früh nicht gut in der Schule? Michael wird sich nachher mit dir hinsetzen und dir beim Deutsch lernen helfen. Du wirst sehen, dann kannst du die Sprache bald ganz schnell", begrüßt mich meine Schwester. Ich seufze und stütze meinen Kopf in meine Hände.

„Oh, Marie, was ist das denn?" Françoise beugt sich zu mir herunter, nimmt meine Arme in ihre beiden Hände und betrachtet deren Innenseiten. Alles ist voller kleiner Pustel. „Wie siehst du aus? Hast du das noch woanders?" Ich zucke mit den Achseln.

„Stell dich mal hin, bitte!"

Sie hebt meinen Pullover hoch und sieht mich erschrocken an. „Du hast am ganzen Körper Ausschlag. Das müssen wir später direkt Michael zeigen!"

Glücklicherweise ist Michael Arzt, dann muss ich nicht woanders hin. Ins Krankenhaus oder so. Es ist ja alles noch so neu und unbekannt für mich in diesem fremden Land.

Ein paar Stunden später habe ich gemalt, mit Yasmine Bausteine gespielt, gelesen und meine Hausaufgaben gemacht. Als Michael nach Hause kommt, sieht er sich gleich meinen Ausschlag an. Dann steckt er mir einen Holzspatel in den Mund, um besser in meinen Rachen schauen zu können, hört mich mit einem Stethoskop ab und sieht auch in meine Ohren. Danach blickt er mir direkt in die Augen, spricht aber mit Françoise: „Marie muss bestimmt mal mit jemandem über alles sprechen, was passiert ist. Der Ausschlag kommt von all dem Kummer und den vielen traumatischen Erlebnissen, die Marie tief in sich vergraben hat."

Es ist erst eine Woche her, seit Michael und Françoise dieses Gespräch geführt haben, aber nun sitze ich schon bei einer Kinderpsychologin. Der rote Ledersessel ist etwas zu groß für mich, aber dadurch, dass seine Lehne und die Armstützen so hoch sind, ist er gemütlich und ich versinke förmlich darin. Es fühlt sich wie eine Schutzmauer an, von ihm umgeben zu sein.

Die Kinderpsychologin lächelt mich sehr freundlich an und gibt mir zur Begrüßung die Hand. Dann reicht sie mir ein weißes Blatt Papier und Buntstifte und bittet mich, aufzuzeichnen, an was ich mich erinnern kann. Malen kann ich gut. Und so beginne ich und greife nach dem ersten Stift. Es dauert lange, bis ich das, was ich vor meinem inneren Auge sehe, aufs Papier bringen kann, und ich muss mich dabei sehr konzentrieren. Ich male emotionslos, einfach aus meinem Gedächtnis heraus.

Als ich fertig bin, reiche ich der Kinderpsychologin das Blatt. Sie schaut es sich an und wird still. Sie sagt nichts. Minutenlang starrt sie nur auf das Blatt. Als sie mich irgendwann wieder ansieht, hat sie Tränen in den Augen. Ich denke: *Wenn nicht mal die Professionellen es verarbeiten können, wie soll ich das dann schaffen?*

„Wie war es denn bei der Psychologin, Marie?" Ich zucke die Achseln. Michael und Françoise wechseln einen Blick. Sie denken, ich würde das nicht mitbekommen, aber ich sehe ihre Besorgnis. Doch was soll ich ihnen sagen? Dass mein Erleben so schlimm war, dass selbst die Psychologin ihre Tränen nicht zurückhalten konnte?

Michael hockt sich neben mich und sieht mich mitfühlend und freundlich an: „Marie, wenn etwas in dir hochkommt, dann rede. Aber wenn du nicht reden willst, musst du auch nicht reden, in Ordnung?" Ich nicke.

Ein dicker Kloß sitzt mir im Hals und ich habe das Gefühl, vor Schmerz nicht mehr atmen zu können. Der Schmerz drückt auf meinen Brustkorb und tut auch körperlich richtig weh. Ich halte mir den Hals fest und versuche, gleichmäßig zu atmen. Tränen schießen mir in die Augen. Françoise drückt mich an sich und lässt mich nicht mehr los. Ihr Mitleid tut mir gut. Dadurch wird der Schmerz etwas weniger. Das kann ich spüren.

„Danke, Mama. Danke, Papa", sage ich leise. Es fühlt sich komisch an, diese beiden Worte laut auszusprechen. Aber sind sie das jetzt nicht? Sie sind doch jetzt meine Eltern. Doch genau dadurch fühlt es sich auch so endgültig an: Meine „richtigen" Eltern leben nicht mehr. Ich weine und weine und weine. Françoise hält mich, während Michael sich neben mich kniet und beruhigend mein Knie streichelt. Ihre Fürsorge fühlt sich tröstend an. Aber ich möchte ihnen auch nicht zu sehr zur Last fallen und Françoise in ihrer Schwangerschaft noch mehr belasten.

Nach dieser ersten Therapiesitzung machte ich noch ein paar andere Therapien. Sie halfen mir auch jedes Mal, aber leider immer nur kurzfristig. Den endgültigen Durchbruch brachten sie mir nicht. Ich merkte, dass Therapien nicht das waren, was ich suchte beziehungsweise brauchte. Ich erzählte den Therapeuten zwar meine Geschichte, aber vieles konnte ich gar nicht formulieren, weil ich selbst nicht wusste, wie ich das, was in mir war, versprachlichen sollte, und weil ich mich an manches, das mich quälte, gar nicht mehr richtig erinnern konnte. Wie sollten diese Menschen mir helfen, wenn ich nicht mal Worte für meinen Schmerz fand? Außerdem hatte ich, wie bei meiner ersten Sitzung bei der Kinderpsychologin, immer wieder das Gefühl, mein Gegenüber beschützen zu wollen. Ich wollte nicht, dass die Therapeuten traurig werden und dass meine Geschichte ihnen nahegeht, obwohl ich wusste, dass es ihr Job war, sich ungefiltert mit den menschlichen Abgründen auseinanderzusetzen. Dennoch konnte ich es nicht. Grundsätzlich hatte und habe ich einfach einen starken Beschützerinstinkt in mir. Doch heute weiß ich, es wäre auch zu meinem Schutz und Besten gewesen, wenn ich mich damals mehr hätte öffnen können ...

Das Telefon klingelt und ich renne direkt beim ersten Klingeln los. Es muss doch jetzt endlich so weit sein!

„Ja, hallo?", sage ich aufgeregt, während ich mir den dunkelgrünen Hörer ans Ohr halte. Wir haben inzwischen ein Tastentelefon und keins mehr mit Wählscheibe.

Yasmine steht direkt vor mir und schaut mich mit großen Augen an.

„Marie? Hörst du mich? Er ist da. Euer Bruder ist geboren!" Michael ruft es voller Glück ins Telefon.

„Oh! Yasmine, das Baby ist da!" Ich schaue lachend zu meiner zweijährigen Schwester.

„Wie heißt er denn?", frage ich wieder ins Telefon.

„Heiko", antwortet Michael.

„Heiko!", denke ich. Heiko, Yasmine und Marie. Nun sind wir Kinder zu dritt in meiner neuen, alten Familie.

„Wann können wir ihn sehen?", frage ich.

„Morgen", antwortet er. „Ich komme nachher nach Hause, dann feiern wir zusammen."

Ich bin total aufgeregt und weiß nicht, wohin mit meiner Freude. Heute, nach einer unendlich langen Zeit, werde ich meine Schwester Bernadette wiedersehen. Berna, wie wir sie liebevoll nennen, hat ebenfalls überlebt und ist nun auch in Deutschland.

Als ich erfahren habe, dass sie lebt, rollten mir die Freudentränen schneller über die Wangen, als ich sie fortwischen konnte.

Da Berna schon über 18 Jahre alt ist, können Michael und Françoise sie jedoch nicht mehr adoptieren, wie sie es mit mir gemacht haben. Aber sie haben mit ihr gesprochen und sie beraten und schließlich gemeinsam beschlossen, dass Berna nach Belgien ziehen wird. Dort leben ebenfalls entfernte Verwandte von uns und sie würde in Belgien ein neues Leben beginnen können. Doch vorher sollte sie erst einmal zu uns kommen – und heute ist es endlich so weit!

Ich habe schon die Tage gezählt und kann es nun kaum noch erwarten, sie endlich in die Arme zu schließen. Mein Herz rast, meine Knie zittern. *Wie wird sie wohl aussehen?*, frage ich mich. Ich versuche, mich daran zu erinnern, wann ich sie das letzte Mal gesehen habe, aber es ist viel zu lange her. Sie hat früher oft mit mir gespielt, obwohl sie so viel älter ist als ich. Ich kann mich an eine Situation erinnern, als sie sich beim Spielen mit mir mit einem Regenschirm verletzt hat. Sie musste sogar in die Notaufnahme, um genäht zu werden. Mama nahm mich an diesem Tag zur Seite und erklärte mir, dass man mit spitzen Gegenständen nicht spielen sollte, damit man sich nicht verletzt. Ich habe Mamas Stimme noch genau im Ohr. Sie war liebevoll, aber ernst. Es war genau derselbe Tonfall, wenn sie zu mir sagte: „Cadette, lege das Messer weg, Cadette, bitte nicht mit der Schere spielen." Sie war immer so besorgt um mich. Hätte sie gewusst, was ich noch alles erleben würde ... Ich werde aus meinen Gedanken gerissen. Da ist Bernadette! Ich sehe sie sofort, als sie mit ihrem Koffer das Flughafenterminal betritt, wo wir schon sehnsüchtig auf sie warten, und renne direkt los.

„Bernaaaaaa", schreie ich und umarme sie so fest ich kann. Für einen kurzen Moment bleibt die Zeit stehen. Wir weinen beide. Als ich mich umdrehe, sehe ich, dass alle weinen. Michael, Françoise und alle Freunde und Verwandte, die ebenfalls gekommen sind, um Berna willkommen zu heißen. Berna hat sich gar nicht sehr verändert, stelle ich fest. Ihre Haare sind länger geworden, aber ansonsten sieht sie noch genauso aus wie früher.

„Danke, Gott, dass ich nach all dieser Zeit Berna wiedersehen darf. Danke, dass sie lebt!", bete ich im Stillen. Und gleichzeitig schreit die schmerzhafte Frage in meinem Kopf: *Wieso mussten die anderen sterben?*

Zu Hause bei uns erzählt mir Berna dann, dass sie bereits während des Genozids erfahren hatte, dass ich noch lebe. Jemand aus dem Dorf hatte mit einem hämischen Unterton zu ihr gesagt: „Sie haben alle umgebracht. Bis auf Cadette."

Berna erzählt weiter, dass es ihr schwerfiel, höflich zu bleiben, doch sie schaffte es, diesen Mann ruhig zu fragen, ob nicht eine Möglichkeit bestünde, mich zu ihr nach Kigali zu bringen. Doch der Mann antwortete belustigt: „Hast du vergessen wie sie aussieht? Sie ist zu sehr Tutsi."

Mit der Aussage „zu sehr Tutsi" meinte er wohl mein Aussehen: Mit meiner extrem schmalen Nase, meiner schmalen Statur und meinen schmalen Händen konnte man mich deutlich den Tutsi zuordnen. Berna erzählt mir außerdem, dass sie auch schon bei Solange in Burundi war und sich dort mit Jeanne de Chantal getroffen hat. Sie hat mich dort also nur knapp verpasst.

„Komm!", sagt Berna plötzlich in einem genauso energischen Tonfall wie früher. „Lass uns besser über die guten, alten Zeiten in Paris sprechen." Ich lache laut auf: „Berna, diesen Namen hatte ich total vergessen." Und dann wechseln wir unsere Erzählungen tatsächlich hin zu leichteren und schöneren Erinnerungen.

SOMMER 1996

Meine Knie zittern, mein Herz rast und meine Hände schwitzen. Ich sitze in einem Flugzeug Richtung Ruanda. Dort herrscht nun Frieden. Ich habe darauf bestanden, allein zu fliegen, obwohl ich erst 12 Jahre alt bin. Michael und Françoise waren zuerst besorgt, aber sie hatten auch Verständnis dafür, dass ich diese Reise allein antreten wollte. Außerdem lebt meine Schwester Jeanne de Chantal ja noch beziehungsweise wieder vor Ort. Auch Saraphina, meine Tanten und Cousinen sind da. Ich werde also nicht wirklich allein sein. Diese Tatsache konnte meine Eltern dann davon überzeugen, mich fliegen zu lassen. Wir hätten, mal davon abgesehen, auch gar nicht alle fliegen können, da mein Bruder Heiko gerade erst ein Jahr alt und noch zu jung für so eine Reise ist. Ich verstehe aber, warum sie sich Sorgen machen. Sie wollen nur das Beste für mich und wünschen sich, dass es mir endlich wieder besser geht. Und natürlich haben sie Bedenken, wie es für mich sein wird, wenn ich das erste Mal nach dem Völkermord an den Tutsi wieder nach Ruanda zurückkehre.

„Lieber Gott, bitte sei ganz stark bei mir!", bete ich in meinem Herzen und schaue aus dem Flugzeugfenster hinaus auf die Landebahn.

„Bitte schnallen Sie sich an, wir landen gleich", sagt die Stewardess, und ein paar Minuten später laufe ich langsam die Treppen des Flugzeugs hinab. Meine Füße berühren ruandischen Boden und ich flüstere leise: „Uraho Ruanda." Das ist eine Art Begrüßung auf Kinyarwanda und bedeutet eine Mischung aus „Hallo Ruanda" und „wie geht es dir?".

Meine Knie zittern vor Aufregung und Nervosität, aber ich habe keine Zeit, um über meine Gefühle nachzudenken, denn nur wenige Minuten später, nachdem ich meinen Koffer vom Rollband geholt habe, werde ich komplett überwältigt. Ich traue meinen Augen kaum: So viele Menschen sind gekommen, um mich zu begrüßen! Das komplette Terminal ist voll. Ich fühle mich beinahe wie ein Star, der empfangen wird.

Zuerst entdecke ich Saraphina, Jeanne de Chantal, Mamy, Lili und Lou. Ich drehe und wende meinen Kopf und will mich kurz kneifen, um zu erfahren, ob ich das alles nur träume. Aber es ist echt. Sie sind wirklich alle wegen mir gekommen!

Die ersten Tage und Nächte in Ruanda vergehen wie im Flug. Ich komme gar nicht dazu, über alles nachzudenken, was hier vor zwei Jahren geschehen ist. Ständig sind Menschen um mich herum. Alle wollen „Cadette" sehen. Cadette, die Tochter von Modeste.

In einem dieser Momente begreife ich, wie beliebt mein Papa gewesen ist. Ich erfahre, wie vielen er geholfen hat und wie sehr ihn die Menschen hier geschätzt haben und immer noch schätzen. Diese Erkenntnis tut mir sehr gut und lenkt mich etwas von meinem Schmerz ab. Noch bin ich in der Hauptstadt Kigali, wo mittlerweile die meisten meiner Verwandten leben. Cyangugu, die Region, wo ich aufgewachsen bin, ist noch weit weg und das ist gut so.

Ich entwickelte zu diesem Zeitpunkt ein tiefes Gefühl der Freude und genoss es, wieder in Ruanda zu sein. Wir Kinder, die wir miteinander aufgewachsen waren, hatten uns so viel zu erzählen. In Deutschland hatte ich schon erfahren, wer überlebt hatte, und umso schöner war es, sie nun alle tatsächlich wiederzusehen. Das Thema „Genozid" vermieden wir so gut es ging. Und ich merkte, dass ich noch nicht bereit war, nach Cyangugu zu gehen, um zu sehen, wo meine Familie begraben war. Ich konnte sie ohnehin nicht zurückholen und mir reichten die Fotos, die mir von den Gräbern gezeigt wurden, völlig aus. Am liebsten wollte ich gar nichts mehr von dieser schrecklichen Vergangenheit wissen, sondern einfach das Ruanda im Hier und Heute genießen.

Ich fühlte mich zugehörig dort. Es war nicht mehr komisch, Tutsi zu sein. Ich lief durch die Straßen und niemand schaute mich verächtlich an – wenn überhaupt, dann freundlich und interessiert. Es war nun sicher auf den Straßen, und ich musste keine Angst mehr haben. Die Menschen lachten, grüßten freundlich und ich erlebte ein ganz anderes Ruanda als noch vor zwei Jahren.

War es komisch, dass ich das Grab meiner Familie nicht besuchen wollte? Diesen Gedanken schob ich schnell zur Seite. Ich erfuhr, dass Papa, Jean Paul und Jean Marie in unserem Garten begraben worden waren. Unser Haus war komplett zerstört worden. Jemand hatte es angezündet und es waren nur noch Ruinen übrig geblieben. In dem

Garten, in dem wir zuletzt gemeinsam gefrühstückt hatten, befand sich nun ihr Grab. Doch ich war froh, dass man sie gefunden und beerdigt hatte. Meine Mama, Stephanie, Jules und Oma sind gemeinsam mit anderen Familien aus der Nachbarschaft bei einer großen Gedenkstätte beerdigt worden. Der Schmerz, den allein diese Information in mir auslöste, war so groß, dass ich damals auf gar keinen Fall nach Cyangugu zurückwollte. Ich konnte Gott einfach nicht verstehen. Wie hatte er das alles zulassen können? In meinen Kindheitsglauben mischten sich zunehmend Wut und Verzweiflung.

Am Ende der Sommerferien flog ich wieder nach Deutschland zurück. Ich freute mich besonders auf Heiko und Yasmine. Die beiden waren so süß, dass sie mich immer auf andere Gedanken brachten. Ihr Lachen, ihre blitzenden großen Augen: Sie waren wie eine Therapie für mich. Natürlich freute ich mich auch auf Michael und Françoise, aber meine beiden kleinen Geschwister waren einfach sehr besonders für mich.

In meiner ersten Nacht in Deutschland begann ich, Ruanda und vor allem die Menschen vor Ort fürchterlich zu vermissen. Ich spürte meine Zerrissenheit zwischen beiden Ländern und bekam Schuldgefühle, weil ich Cyangugu nicht besucht hatte. Erst nach langer Zeit fiel ich in einen unruhigen Schlaf.

Kapitel 7

Heiko, Yasmine und ich sitzen Mama und Papa gegenüber. Michael will irgendetwas Wichtiges ankündigen oder mit uns besprechen, das sehe ich ihm an. Ich weiß nicht, worum es geht, aber ich bin etwas aufgeregt.

Er räuspert sich: „Kinder, wie ihr wisst, kann ich außerhalb von Deutschland für den Entwicklungsdienst arbeiten ... Und Mama und ich würden gern mit euch für einige Zeit nach Afrika gehen, genauer gesagt nach Namibia. Darüber wollten wir mit euch sprechen ... Also, was haltet ihr davon?"

Bei seiner Frage sieht Michael mich direkt an.

„Marie, du müsstest mit deinen 14 Jahren in diesem Fall in ein Internat gehen. Es ist wichtig, dass du deinen deutschen Schulabschluss machst, und die einzige deutsche Schule liegt in der Hauptstadt Windhoek. Meine Arbeitsstelle würde aber ganz woanders liegen und wäre viel zu weit weg, als dass du hin- und herfahren könntest."

Er schaut mich durchdringend an. „Ich weiß, du bist noch nicht so lange in Deutschland, Marie. Umso wichtiger ist mir, dass wir über diesen erneuten Umzug offen sprechen."

Kurz herrscht Stille im Wohnzimmer, denn damit hat wirklich keiner von uns Kindern gerechnet, und doch haben wir spontan Lust darauf. *Nach Afrika? Na klar!* Wir nicken alle. Michael sieht mich nochmal mit einem Fragezeichen in den Augen an. Ich glaube, er will sich vergewissern, dass es für mich wirklich in Ordnung ist, in ein afrikanisches Land zu ziehen, auch wenn es nur zeitweise ist. Aber irgendwie habe ich das Gefühl, dass dieser Schritt auch meiner Heilung dienen könnte. Und so oder so freue ich mich, an einen Ort zu kommen, wo ich mich vielleicht nicht mehr so fremd fühle. Oder anders gesagt: Wo ich das Gefühl habe, dass ich nicht immer als Fremde betrachtet werde. Ich nicke also besonders heftig.

Françoise und Michael schauen sich mit einem festen Blick an und dann wieder uns. „Gut, dann ist das abgemacht!"

FRÜHJAHR 1998

Aus dem Fenster meines Klassenraums in der Deutschen Privatschule in Windhoek, der Hauptstadt von Namibia, kann ich direkt auf den Sportplatz schauen. Seit ein paar Tagen bin ich hier im Internat. Ich zupfe an meinem grauen Rock herum und wünschte, die Schuluniform wäre etwas moderner. Meine neue Klasse besteht fast ausschließlich aus weißen Schülern, was mir jedoch nichts ausmacht. Aber ich fühle mich aufgrund meiner eigenen Hautfarbe nicht richtig zugehörig.

Es gibt vier Klassen, in denen Schüler und Schülerinnen sind, die bereits fließend Deutsch sprechen. Und es gibt eine Klasse für Kinder, die Deutsch lernen wollen. Ich bin also schwarz, aber nicht aus Namibia, sondern aus Ruanda und Deutschland. Ich habe einen deutschen Nachnamen und spreche schwäbisches Deutsch. Ich bin aber das einzige schwarze Mädchen in der Deutsch-Klasse. Unter den Schwarzen bin ich die, die mit den Weißen abhängt, und unter den Weißen bin ich die Schwarze aus Deutschland. *Ich gehöre einfach nirgendwo dazu*, denke ich seufzend. Nach dem Unterricht gehe ich zurück in mein Zimmer und lasse mich entmutigt auf mein Bett fallen.

In dem Moment öffnet sich meine Zimmertür und Naomi kommt mit einem lauten „Hi Babe" herein, dann wirft sie sich ebenfalls auf ihr Bett. Im Internat wohnen Jungs und Mädchen getrennt. Naomi ist meine Zimmernachbarin, etwas älter als ich und das coolste Mädchen, das ich je gesehen habe. Sie hat kurze Haare, Ohrpiercings und trägt schwarzen Nagellack. Sie ist schwarz und lebt schon länger in Namibia. Allerdings ist sie in Deutschland geboren, genauer gesagt in der DDR. Sie spricht also tatsächlich Sächsisch und irgendwie finde ich das sehr amüsant. Da sind wir – zwei schwarze Mädchen, die fließend Deutsch sprechen und in Namibia in eine deutsche Schule gehen...

„Mensch, Windhoek ist richtig cool. Ich freue mich so auf unsere Zeit hier, das wird übelst schön, hier abzuhängen", sagt Naomi und zieht sich dabei ihre *DocMartens* aus. Wie sie bei 27 Grad *DocMartens* tragen kann, ist mir etwas schleierhaft, aber sie sieht darin einfach unsagbar cool aus. Sogar in ihrer braven Schuluniform.

„Ich habe noch nicht viel von der Stadt gesehen", sage ich zaghaft. „Aber vielleicht kannst du mir mal was zeigen?"

„Klar, das mach ich voll gern! Sag mal, rauchst du eigentlich?"

Ich schüttele den Kopf. Ich bin schließlich gerade erst 14 Jahre alt geworden.

„Cool, dann zeige ich dir, wie das geht!"

Dann legt sich Naomi auf den Bauch und zieht eine *Bravo*-Zeitschrift, die ihr jemand aus Deutschland geschickt hat, unter ihrem Bett hervor. Ich drehe mich wieder um und schaue aus dem Fenster. *Afrika ist schon schön,* denke ich. Ich wünsche mir so sehr, mich wieder irgendwo angekommen zu fühlen.

„Hey, Marie, wann sind deine Eltern denn eigentlich nach Deutschland gekommen?", fragt mich Naomi ungefähr zehn Minuten später und blickt interessiert von ihrer Zeitschrift auf.

„Ach, als ich neun Jahre alt war", antworte ich etwas zögerlich. Ich möchte nicht verraten, dass meine Eltern eigentlich schon gestorben sind und meine Schwester mich adoptiert hat und davor schon länger in Deutschland war. Das wäre zu kompliziert und zu schmerzhaft. Und ich würde einfach gern komplett neu anfangen.

„Und wo in Afrika habt ihr gewohnt?"

„In Ruanda, aber wir sind glücklicherweise schon vor dem Genozid nach Deutschland geflogen", lüge ich weiter.

„Ah, da habt ihr aber wirklich Glück gehabt, Marie! Und hast du jemanden verloren vom Rest deiner Familie?", fragt sie neugierig.

Ich drehe mich mit dem Rücken zu ihr, damit sie mein Gesicht nicht sehen kann. Ich will nicht, dass ich mich selbst verrate.

„Nein, nein, wir haben wirklich Glück gehabt", sage ich schnell. Meine Schultern sind dabei ganz fest und ich starre angestrengt aus dem Fenster. Das Blut rauscht mir in den Ohren bei dieser Lüge. Ich weiß nicht, ob Naomi mir glaubt oder nicht.

Aber ich will so gern alles vergessen. Einen echten Neuanfang. Ich will einfach nur Marie sein, will alles verdrängen, die afrikanische Sonne genießen und Abstand gewinnen. Das habe ich mir fest vorgenommen. Meine Hände klammern sich an das Fensterbrett aus grauem Marmor.

„Was machen wir denn heute noch, Naomi?", frage ich betont fröhlich und will vom Thema ablenken. „Ich möchte so gern noch mal raus in die Sonne."

Naomi lacht. „Da fällt mir schon was ein, wirst sehen…"

„So, Marie, heute ist es so weit. Du lernst, wie man richtig raucht. Die Betonung liegt auf *richtig*. Weil *wenn*, dann muss man auch richtig cool rauchen, ne?", lacht Naomi.

Wir sitzen auf einer kleinen Mauer in der „Tal Street", unweit der Schule, und lassen unsere Füße baumeln. Naomi zündet sich eine Zigarette an. Ihr schwarzer Nagellack ist schon etwas abgeblättert, aber dadurch wirkt sie nur noch cooler. Ich betrachte sie und überlege mir, ob ich mir auch mehr Ohrlöcher stechen lassen sollte. Dann hält sie mir ihre Zigarette hin. Ich nehme sie in meinen Mund und weiß nicht genau, was ich damit machen soll. Ich atme den Rauch ein und muss husten.

„Nein, Marie, du musst richtig in die Lunge inhalieren und nicht nur so paffen", tadelt mich Naomi.

„Aber wie geht das? Ich weiß nicht, was du meinst! Ich atme doch schon tief ein", huste ich.

„Du atmest ein und sagst dann erschrocken ‚Ha, die Mama kommt!' Dann hast du das Nikotin in der Lunge. Das ist wirklich cool." Naomi sieht mich fachmännisch an.

Ich bin da zwar skeptisch, aber ich will auf jeden Fall, dass sie mich cool findet. Daher lerne ich an diesem Tag „richtig" rauchen.

Wie die meisten Jugendlichen wollte auch ich „cool" sein, um akzeptiert zu werden und mich endlich irgendwo zugehörig zu fühlen. Doch für mich hatte das alles noch eine viel existenziellere Dimension: Durch meine Traumatisierung ging es um wesentlich mehr als nur darum, „cool" zu sein; es ging darum, endlich kein Opfer mehr zu sein. Endlich stark zu sein. Ich wollte nicht mehr den Umständen oder anderen Menschen ausgeliefert sein, sondern selbst am Steuer sitzen und die Kontrolle über mich und mein Leben haben. Denn dann – so glaubte ich – könnte mich auch niemand mehr verletzten und ich würde niemals mehr den Schmerz der Ablehnung erfahren müssen…

Ich liege bei meinem Cousin im Pool. Eigentlich ist er eher mein Großcousin. Das kühle Wasser hüllt mich ein und kühlt meinen von der Sonne erhitzten Körper. Ich bin allein hier, aber dadurch kann ich mich gut vom Internatsleben und dem Schulalltag regenerieren. Nachher will mein Cousin noch mit mir shoppen gehen. Es ist nett, einen erwachsenen, wohlhabenden Cousin zu haben, das muss ich zugeben. Bald sind Ferien, da werde ich nach Katima fahren zu Françoise und Michael, Yasmine und Heiko. Ansonsten ist es wirklich zu weit weg von Windhoek. Da bin ich am Wochenende lieber hier in diesem großen, wunderschönen Haus.

Ich hieve mich auf meine rote Luftmatratze und lasse mich auf dem Wasser treiben. Während ich meine Finger langsam durchs Wasser gleiten lasse, wandern meine Gedanken zurück zum vergangenen Wochenende. Ich war mit meiner Schulfreundin Dunja bei ihr zu Hause. Sie lebt auf einer Farm und ist weiß. Alle Mitarbeiter, die ich dort gesehen habe, waren schwarz. Die Apartheid war immer noch spürbar. Und ich saß bei den Weißen und habe leckere Säfte getrunken, während die Schwarzen gearbeitet haben. Ich habe mich unwohl gefühlt. Das Gefühl, nirgendwo so richtig dazuzugehören, wurde dort noch mal verstärkt. Für die Schwarzen bin ich zu weiß und für die Weißen „die schöne Schwarze, die gut Deutsch spricht", aber wer bin ich eigentlich wirklich?

Wie konnte das nur passieren? Verzweifelt sitze ich in der Hofpause allein auf dem Schulhof. Ich bin allein. Ganz allein. Naomi hat mich gerade abblitzen lassen, als ich mich, wie jeden Tag, neben sie setzen wollte.

„Nein, hier ist schon besetzt. Du gehst besser, Marie. Und das gilt auch für alle kommenden Tage", hat sie kühl gesagt. Dabei hat sie mich etwas spöttisch angesehen und als ich mich irritiert abgewendet habe und gehen wollte, hat sie mit ihrer anderen Freundin gekichert. *Was habe ich nur falsch gemacht? War ich zu uncool? Oder liegt es nur daran, dass sie jetzt eine andere Freundin als mich gefunden hat?*, frage ich mich.

Mein Herz blutet. Ich wäre jetzt am liebsten unsichtbar und würde weinen, stattdessen muss ich den schmerzenden Kloß in meinem Hals einfach herunterschlucken. Ich blinzle die Tränen weg, die mir immer wieder in die Augen schießen. Ich darf hier nicht weinen! Ich darf keine Schwäche zeigen.

Die Ablehnung tut weh. Ich kenne diesen Schmerz, er kommt von ganz tief unten aus meinem Herzen hochgekrochen. Dieser schreckliche, alles überschattende Schmerz, der mir den Atem nimmt. Ich kenne ihn nur zu gut. Aber ich will ihn nicht mehr spüren. Ich will nicht mehr darüber nachdenken. Ich will das nicht zulassen. Ich will ein anderer Mensch sein, will meine Vergangenheit und meine Geschichte hier nicht noch einmal aufleben lassen. Hier ist Windhoek, hier darf ich jemand anderes sein, mich neu erfinden.

Durch meine traumatischen Erfahrungen litt ich damals stark unter Verlustängsten. Daher versuchte ich, alles um mich herum zu kontrollieren. Ich wollte auf gar keinen Fall noch einmal jemanden verlieren. Wenn mir jemand sehr am Herzen lag, hätte ich deshalb alles dafür getan, dass diese Person mich nicht alleinlässt.

Aber leider war genau das dann doch immer wieder der Fall. Aufgrund meines klammernden und kontrollierenden Verhaltens gingen viele Freundschaften in die Brüche – und ich erlebte immer wieder Verluste. Rückblickend betrachtet war ich damals wahrscheinlich keine besonders angenehme Person. Es war für die Menschen um mich herum manchmal sicherlich genauso schwer wie für mich selbst. Aber aus heutiger Sicht weiß ich: Da ich mich selbst nicht richtig verstand, konnte ich das auch von niemand anderem verlangen.

Endlich sind Ferien und ich bin in Katima bei Françoise, Michael, Yasmine und Heiko. Wir haben hier ein großes Haus mit einem großen Garten. Es ist im Gegensatz zu Windhoek eher dörflich hier, aber ich erhole mich gut und freue mich, bei meinen Geschwistern zu sein. Außerdem gibt es hier einen ganz niedlichen Jungen. Ich habe heute Morgen schon die ganze Zeit darauf gewartet, dass er mich abholt, aber bisher hat er sich noch nicht blicken lassen. Leider hat er eine Schwester, die mich nicht leiden kann. Vielleicht ist sie eifersüchtig, ich weiß es nicht. Aber sie provoziert mich und stänkert, wo sie nur kann.

Ich beiße genüsslich in die Mango in meiner Hand. Ich habe gesehen, dass die Kinder sie hier mit Schale essen und will das unbedingt auch mal probieren. Der Baum, unter dem ich sitze, bietet mir genug Schatten vor der heißen Sonne und die Mango schmeckt köstlich-süß. Auch mit Schale. Für den Moment bin ich glücklich.

Eine Katze kommt langsam auf mich zu geschlichen. Sie ist braun-weiß getigert und sieht mich mit halb geschlossenen Augen an. Ich bin ganz still und hoffe, dass sie noch näher zu mir kommt. Als sie sich schließlich an mich schmiegt und zu schnurren anfängt, während ich sie vorsichtig kraule, muss ich plötzlich wieder an Puma denken. Trauer durchflutet mich, aber sie ist nicht mehr so stark wie noch vor ein paar Jahren.

Die Trauer kommt in Wellen, sie hört niemals ganz auf, aber sie wird etwas leichter und besser zu ertragen.

Ich schließe kurz die Augen.

„Marie!" Eine laute Stimme ruft durch unseren Garten.

„Marie, did you hear me? I have to talk to you!" – Marie, hörst du mich? Ich muss mit dir reden!"

Ich öffne meine Augen. Milao steht vor unserem Garten. Da ich hinter dem Baum sitze, kann ich sie nicht sehen, aber ich erkenne sie an ihrer Stimme. Milao ist die Schwester meines Schwarms. Kurz überlege ich, ob ich ihr nicht antworten und einfach hinter dem Baum bleiben soll.

„Marie, I know that you are there. Come out! – Marie, ich weiß, dass du da bist, komm raus!", lässt sie mir keine Ruhe. Seufzend stehe ich auf und lege die Mango ins Gras.

„Was willst du denn, Milao?"

„Ich will, dass du aufhörst, meinen Bruder zu sehen!"

„Ich glaube nicht, dass du mir das verbieten kannst!", entgegne ich. Ehrlich gesagt habe ich ganz schön Respekt vor Milao, aber ich will mich behaupten. Cool sein. Stark sein. Milao ist die Anführerin der Dorfclique und ganz eindeutig die Coole hier, da will ich nicht einfach klein beigeben. Seit den grausamen Dingen, die mir und meiner Familie in Ruanda widerfahren sind, habe ich mir geschworen, immer zu kämpfen und mir niemals den Mund verbieten zu lassen. Lieber stehend sterben, als kriechend leben, das ist zu meinem neuen Motto geworden.

„Wir werden uns prügeln und wenn ich gewinne, lässt du meinen Bruder in Ruhe. Ist das klar?" zischt sie mich an.

Ich überlege keine Sekunde. „Geht klar! – That's okay for me!", antworte ich vorlaut und recke meine geballten Fäuste in die Luft.

Inzwischen haben sich andere Kinder und Jugendliche um uns versammelt. Eine ganze Traube steht um uns herum. Sie schreien, johlen, lachen, stampfen und klatschen.

„Are you scared, Marie? Warum schlägst du nicht zu? Traust du dich etwa nicht?"

Sie lacht mir ins Gesicht. Ich habe mich noch nie geprügelt und weiß gar nicht, wie ich anfangen soll.

„Marie!" Die Stimme von Françoise dringt an mein Ohr.

„Marie, was machst du denn da?" Meine Mutter packt mich am Arm und zieht mich zu sich.

„Verschwindet alle! Und du, du kommst mit ins Haus." Sie zieht mich hinter sich her und ich bin ehrlich gesagt ein bisschen erleichtert.

Ich weiß nicht, wann der Zeitpunkt kam, aber es gab diesen Moment in meinem Leben, in dem ich mich dazu entschied, eine Kämpferin zu sein. Ich habe mir geschworen, gegen die Ungerechtigkeit zu kämpfen, die damals mein Leben zerstört hatte. Obwohl ich also „die Coole" sein wollte und mich selbst dafür stellenweise verleugnete, war ich mir in diesem Punkt immer treu geblieben: Neben mir wurde niemals Ungerechtigkeit geduldet! Ich habe immer für die Schwächeren gekämpft. Für die, die sich nicht wehren konnten. Dieser Gerechtigkeitssinn war und ist sehr stark in mir verankert. Lieber kämpfe ich bis zum Schluss gegen Ungerechtigkeit und sterbe schlimmstenfalls dabei, als die Ungerechtigkeit neben mir zu erdulden. Das hat sich niemals geändert, so ist es heute immer noch. Vielleicht war es auch dieser starke Gerechtigkeitssinn, der mich innerlich überleben ließ und der verhinderte, dass ich nach meinen schlimmeren Erlebnissen in eine resignierte innere Ohnmacht verfiel.

Vor mir steht ein Elefant! Ein echter, leibhaftiger Elefant! Vor Begeisterung würde ich am liebsten aufschreien, aber wir müssen ganz leise sein. Dort hinten sind sogar Babyelefanten, ich kann sie sehen! Ich bin überwältigt.

Bevor Michael, Francoise, Yasmine, Heiko und ich losgefahren sind, hat uns der Safari-Guide erklärt, dass wir vorsichtig sein müssen. Elefanten werden gern mal aggressiv, wenn ihre Kinder in der Nähe sind und in Gefahr sein könnten.

Wir dürfen diese Safari mit unserem eigenen Auto machen. Es ist „safari-tauglich", wurde uns bescheinigt. Dann haben wir die notwendige Ausrüstung bekommen inklusive einer Karte, auf der die Lodges zum Übernachten eingezeichnet sind. Mein Herz klopft wie verrückt. Eine ganze Herde Elefanten steht vor uns. Michael macht den Motor aus und sagt uns, dass wir ganz ruhig sein sollen. „Macht keine ruckartigen, großen Bewegungen, bleibt still sitzen und lasst die Fenster geschlossen", flüstert er angespannt. Dabei dreht er sich nicht zu uns um, sondern fixiert die beeindruckend großen Tiere vor uns. Der Anblick der Tiere ist wirklich überwältigend, doch die Herde läuft unbeeindruckt an uns vorbei.

Wir fahren langsam weiter, und wenig später sehen wir aus dem Gebüsch Giraffen hinauslugen. Man kann nur ihren langen Hals sehen.

„Oh, schaut mal, Giraffen! Sind die toll! Ich liebe Giraffen!" Françoise dreht sich begeistert zu uns um und strahlt über ihr ganzes Gesicht. Ich lächle vor mich hin. Es sind ihre Lieblingstiere.

„Was glaubst du, sehen wir als Nächstes?" frage ich Yasmine und Heiko. „Nashörner!", ruft Yasmine und zeigt aufgeregt nach draußen. Und tatsächlich: Da sind Nashörner! Und die sind sogar richtig schnell! So faszinierend!

Kurz darauf fahren wir an Flusspferden vorbei. Ich bin begeistert von all diesen besonderen Begegnungen.

Als wir später an unserer Lodge ankommen und unser Gepäck ausladen, fällt mir auf, dass wir von den anderen Besuchern immer wieder heimlich oder auch direkt angeschaut werden. In Namibia gibt es so selten gemischte Paare aus Hellhäutigen und Dunkelhäutigen, dass es für Außenstehende sehr ungewohnt ist. Mir ist das etwas unangenehm. Das Apartheiddenken ist wirklich immer noch so spürbar in diesem Land. Immer noch ist eine Familie wie unsere hier eine Seltenheit.

HERBST 1999

Ich sitze rauchend, hart lachend und mit den Füßen baumelnd auf der gleichen Mauer, auf der ich schon mit Naomi saß. Der Unterschied besteht darin, dass neben mir nicht Naomi, sondern Sonja sitzt, und dass ich nun „die Coole" bin. Zumindest tue ich so als ob. Und meine Fassade scheint lückenlos zu sein, denn ich bin voll akzeptiert und habe neue Freunde gefunden. Aber tief in mir bleibt stets das Gefühl, dass ich mich verstelle. So richtig wohl fühle ich mich jedenfalls nicht in der Rolle, die ich spiele. Eine innere Stimme sagt mir die ganze Zeit: „Das bist du nicht, Marie!"

Die Sonne scheint mir ins Gesicht, und ich genieße den Abstand zu Deutschland und zu meiner Vergangenheit immer mehr. Ich benehme mich zwar nicht mehr so, wie es mir eigentlich entspricht, aber ich merke – besonders an den Wochenenden, an denen ich bei meinem Cousin bin, oder auch in den Ferien, die ich mit meiner Familie verbringe –, dass ich mir irgendwo tief drin doch noch treu geblieben bin. Dass es die alte Marie zumindest noch gibt. Ich habe meine Wurzeln nicht verloren. Ich weiß, wo ich herkomme; ich habe nichts und niemanden vergessen und der Schmerz, die Wut und auch der Hass gegenüber den Mördern meiner Familie sind immer noch in mir. Aber es tut mir gut, alle Warum-Fragen und alle existenziellen Emotionen einmal zur Seite zu schieben und einfach nur ein „cooler" Teenager zu sein. Weit weg von allem.

Das nagende Gefühl, dass ich eigentlich nur so tue, als sei alles normal, ignoriere ich gekonnt. Genauso wie die tiefe Leere in mir.

Kapitel 8

Wir sind zurück in Deutschland. Ich rieche es in der Luft, aber ich sehe es auch an den Zäunen, den Gärten, der Vegetation und natürlich den Straßen, den Autos und an den Menschen. Zwei Jahre Namibia haben mir gutgetan, mich wieder atmen und mein Herz etwas zur Ruhe kommen lassen. Jetzt bin ich wieder in Deutschland und werde mich hier neu einfinden müssen...

Jacqueline öffnet uns die Tür und stößt einen begeisterten Schrei aus. Sie ist die beste Freundin von Françoise, die sie noch in Ruanda kennengelernt hat, und außerdem die Cousine von Lili und Lou, meinen Freundinnen aus Kamembe. Jacqueline ist trotz des Altersunterschiedes auch für mich eine enge Freundin geworden. Sie hat Werner, einen deutschen Arzt, geheiratet und inzwischen zwei Kinder mit ihm. Ich mag sie sehr.

Ihr ganzes Gesicht strahlt, als sie uns nacheinander umarmt.

„Kommt rein, kommt rein", scheucht sie uns ins Haus. „Werner, sie sind da!", ruft sie ihren Mann. Wir können hier übernachten, bis wir unser neues Haus beziehen können, und ich freue mich schon sehr darauf.

Jacqueline ist ein sachlicher Typ und hat viel Energie. Ich weiß, wenn es mir schlecht geht, kann ich immer mit ihr reden. Sie versteht mich und versucht immer, Lösungen für meine Probleme zu finden.

Als wir ihr Haus betreten, wartet die nächste Überraschung auf uns: Bernadette und Jeanne de Chantal, die mittlerweile beide in Belgien leben, sind ebenfalls da, um uns zu begrüßen. Es ist fantastisch, sie alle zu sehen. Wir sind gleichzeitig Familie, Freunde und Leidensgenossen eines gemeinsamen Schicksals.

Werner und Jacqueline waren 1994 auch in Ruanda und mussten erleben, dass sie niemanden, außer sich selbst und ihren gemeinsamen, zwei Monate alten Sohn retten konnten, obwohl sich Werner heldenhaft dafür eingesetzt hatte, tausende Tutsi vor dem Tod zu bewahren. Ich bewundere ihn für seinen Mut und seine Tapferkeit.

Gemeinsam mit meinen Schwestern setze ich mich gemütlich an den Esszimmertisch. Wie schön es doch ist, wieder zu Hause zu sein. Hier kann ich echt sein. Hier bin ich Cadette.

Mit dem Umzug zurück nach Deutschland fand ich auch etwas von der alten Marie wieder. Dachte ich zumindest, denn die erneute Umstellung auf eine andere Kultur und die Suche nach Freunden ließ auch meine Identitätsfrage wieder dringlicher werden. Wer war ich eigentlich wirklich? Noch immer fühlte ich mich definiert durch meine Vergangenheit, die ich doch unbedingt hinter mir lassen wollte. Aber sie holte mich immer wieder ein ...

Ich stehe in Ruanda am Grab meines Papas und meiner Brüder, das sich in unserem alten Garten befindet. Ich starre auf die Gräber und wäre so gern allein. In Stille und Trauer. Doch ich bin nicht allein, und ich weiß nicht, was ich mir dabei gedacht habe. Bei mir ist eine Autorin. Sie macht die ganze Zeit Fotos von mir. Ich höre es klicken, während ich gedankenverloren auf das Grab starre. Innerlich bin ich ebenfalls erstarrt. Eigentlich sollte das hier ein heiliger Moment sein, aber er wird gestört von einer mir nicht wirklich nahestehenden Frau.

Die Autorin hat meine Geschichte aufgeschrieben, doch es fühlt sich so an, als hätte sie nicht wirklich Interesse an mir, sondern würde einfach meine Story verkaufen wollen.

„Kannst du dich noch mal hinter das Grab stellen?", fragt sie mich, und ich mache, was sie sagt. Jetzt ist es auch schon egal. Ich bin freundlich, aber ich fühle mich nicht wohl. Ich fühle mich eingesperrt, kann mich nicht frei bewegen, ohne dass sie mitkommt.

Ich seufze. Da muss ich jetzt durch. Ich knie mich hin und nehme etwas Erde in die Hand, die neben dem Grab liegt, und zermahle sie. Sie wird lehmig rot. Ein bisschen wie Blut. Dann lege ich meine schmutzigen Hände auf das Grab und senke den Kopf.

„Ich werde euch nie vergessen", flüstere ich leise. „Ich liebe euch. Ich vermisse euch."

Obwohl der Besuch der Gräber und der ganze Aufenthalt in Ruanda anders gelaufen war als erhofft, war ich dankbar für die Möglichkeit, in mein Heimatland zurückzukommen, die die Autorin mir geboten hatte. Sie hatte einen Verein gegründet, über den Jugendliche aus Ruanda Kontakt aufnehmen und sich treffen konnten, und den ganzen Flug nach Ruanda organsiert. Es war wichtig, sich noch einmal auf diese Art und Weise mit der Vergangenheit zu konfrontieren, aber auch sehr schmerzhaft.

Zurück in Deutschland musste ich mich dann darum kümmern, dass ich meine Gegenwart und Zukunft gut gestalten konnte. Das hieß, meinen Schulabschluss machen und eine Ausbildung beginnen...

SOMMER 2005

Ich klopfe sachte an die nächste Patiententür und streiche meinen weißen Kittel glatt. Dann öffne ich vorsichtig die Tür. Im Zimmer liegt ein älterer Herr im Bett. Als er mich sieht, fängt sein ganzes Gesicht an zu strahlen. Er streckt seine Arme in die Höhe und ruft: „Juhu, da ist sie ja endlich wieder!" Ich lache und mache eine abwinkende Handbewegung, doch insgeheim freue ich mich. Ich fühle mich wertgeschätzt und habe endlich das Gefühl, am richtigen Platz zu sein. Im Krankenhaus komme ich richtig gut zurecht und die Patienten mögen mich. Das ist genau der richtige Praktikumsplatz für mich!

Während ich sein Bett aufschüttele, die Vorhänge zur Seite schiebe und das Fenster öffne, lächelt mich der schwerkranke Mann an: „Erzählen Sie mir von sich. Wann sind Sie denn fertig mit der Schule?"

„Diesen Sommer schon. Ich mache gerade mein Fachabi."

„Dann sind Sie ja eine kluge Frau", meint er. Ich schüttele den Kopf.

„Wissen Sie, klug bin ich vielleicht schon, aber meine Schulzeit war schwierig. Als ich 15 Jahre alt war, sind wir aus Namibia wiedergekommen, wo ich zwischenzeitlich gelebt habe, dann habe ich mir eine Mädelsclique gesucht, in der alle sehr cool waren. Ich wollte unbedingt auch so sein wie sie."

Ich seufze tief und schaue, ob ich noch Müll finde, der weggeräumt werden muss.

„Und wie ging es weiter? Ich hoffe, Sie haben erkannt, dass es die falschen Freunde waren?"

Ich nicke. „Ich war schon nach Namibia nicht mehr so gut in der Schule und ging deshalb auf die Realschule. Weil meine Noten immer schlechter wurden, musste ich irgendwann auf die Hauptschule wechseln. Das hatte auf der einen Seite einen guten psychologischen Effekt, weil ich dort dann die Beste war, aber auf der anderen Seite habe ich mich auch total geschämt. Ich will Hauptschulen gar nicht schlecht machen, wissen Sie?"

Ich schaue den Mann an und überlege kurz, ob es eigentlich seltsam ist, einem Patienten seine halbe Lebensgeschichte zu erzählen. Doch er sieht mich so interessiert und freundlich an, dass ich gar nicht anders kann als weiterzureden.

„Aber ich fühlte mich wie eine Versagerin. Mein Vater ist Doktor... Und dann hat er eine Tochter auf der Hauptschule."

„Haben Ihre Eltern Ihnen denn Vorwürfe deshalb gemacht?"

„Nein, überhaupt nicht! Sie haben mir nie Druck gemacht, sondern mich immer unterstützt. Ich habe nach der Hauptschule dann meinen Realschulabschluss nachgeholt und bin danach auf die Fachschule gegangen. Irgendwie habe ich es geschafft, mich nicht mehr so von meinen Freunden beeinflussen zu lassen, für die nur Party und Spaß wichtig waren, und konnte wieder einen neuen Ehrgeiz entwickeln."

„Und was wollen Sie mal studieren?"

„Ich denke, ich bin hier am richtigen Platz. Es fühlt sich genau richtig an, hier zu sein. Ich werde Krankenschwester", antworte ich und schwebe lächelnd aus dem Patientenzimmer.

Auf den Abschluss meiner Ausbildung zur Krankenschwester hatte ich mich sehr gefreut. Doch ich war vor den Prüfungen unheimlich aufgeregt gewesen. Erst wurde ich schriftlich, dann praktisch geprüft. Als der Tag meiner praktischen Prüfung gekommen war, war ich sehr erleichtert, als ich sah, wer mich prüfen sollte: Frau Werner und Schwester Sarah! Die beiden war total entspannt und ich mochte sie sehr. Es herrschte eine unaufgeregte Atmosphäre im Prüfungsraum und das half mir.

Frau Werner sagte zu Beginn: „Wir machen es einfach wie immer" und dann sprach sie mit mir zunächst über ein paar allgemeine Dinge, was mir schließlich die Aufregung nahm.

Wir gingen in das Zimmer eines bettlägerigen Patienten, dem ich den Verband wechseln sollte. Ich sah, dass es ihm nicht gut ging und fragte deshalb, ob wir das etwas später machen könnten – aus Respekt vor dem Patienten und seinen Schmerzen. Ich handelte aus Eigeninitiative heraus, und wie ich später erfuhr, beeindruckte dies die Prüferin sehr. In meinem Beruf ging es schließlich immer um den Menschen und nicht nur um eine Prüfung.

Am Ende erhielt ich in meiner praktischen Prüfung die Note 1,2. Meine Empathie und der freundliche Umgang mit den Patienten wurden sehr gelobt. Als ich die Note erhielt und wusste, dass ich bestanden hatte, atmete ich tief durch. Ich hatte es geschafft. Ich hatte einen Abschluss in der Tasche. Das fühlte sich großartig an! Ein Meilenstein auf dem Weg ins Erwachsenwerden war geschafft und ich blickte noch einmal dankbar und stolz auf die letzten Jahre zurück, die alles andere als einfach gewesen waren.

Als ich mit der Ausbildung im Krankenhaus begonnen hatte, hatte sich alles noch sehr familiär angefühlt. Doch im Laufe der Jahre wurde der Druck immer höher. Es kam immer mehr Bürokratie hinzu. Ich war stets sehr einfühlsam mit den Patienten umgegangen und wollte niemals abgestumpft werden, geschweige denn grob agieren müssen. Mit der Zeit wurde ich aufgrund des enormen Drucks und des Mehraufwands durch die ganze Bürokratie jedoch immer ungeduldiger und merkte, dass ich immer weniger Zeit für die Patienten hatte. Ich empfand das als unbefriedigend und wollte an meiner alten Einstellung festhalten. Doch je mehr Zeit ich mir für die Patienten nahm, desto höher wurde der Bürokratieberg.

Ich musste die Schicht nach mir entlasten, gleichzeitig meine Verantwortung gegenüber den Ärzten wahrnehmen und natürlich besonders gegenüber den Patienten. Hinzu kamen einfache Arbeiten wie der Transport eines Patienten von A nach B, wenn er beispielsweise geröntgt werden musste. FSJler und Praktikanten konnten uns diese einfacheren Arbeiten abnehmen, aber es blieb trotzdem noch enorm viel Arbeit übrig, die kaum zu bewältigen war. Meine Kräfte wurden immer weniger und meine Stimmung sank immer mehr in den Keller.

Einmal hatte ich Nachtwache und es wurde von den Patienten ständig nach mir geklingelt. Ich saß vor einem riesigen Aktenberg und war von diesem so genervt, dass ich bei den Patienten nicht mehr so freundlich agieren und reagieren konnte, wie ich es immer tun wollte.

In Krankenhäusern liegen kranke Menschen, die betreut werden müssen. Diesem Beruf muss mit viel Respekt begegnet werden. Man muss diese Arbeit gern machen und sie sollte einem liegen, denn die Menschen im Krankenhaus sind auf unsere Hilfe angewiesen. Als Krankenschwester musste ich flexibel sein: Selbst wenn ich frei hatte, wurde ich angerufen und musste manchmal spontan eine Schicht übernehmen. Und wenn ich selbst einmal krank war, hatte ich so viel Mitleid mit meinen Kolleginnen und Kollegen, dass ich sie nicht im Stich lassen wollte und trotzdem kam.

Meine Müdigkeit und meine Unzufriedenheit wuchsen jedoch immer weiter. Irgendwann wollte ich das alles nicht mehr, kündigte und wechselte zu einer Arztpraxis. Später arbeitete ich dann doch wieder in einer Klinik, aber in einer wesentlich kleineren und überschaubareren. Der Pflegesektor braucht viel mehr Aufmerksamkeit und Anerkennung. Er ist so wichtig und braucht dringend Wertschätzung!

Auch wenn die Jahre, die ich in der Pflege arbeitete, hart waren, bin ich sehr dankbar für diese Zeit, denn sie ließ mich endgültig in Deutschland Fuß fassen und gab meinem Leben Halt und Sinn.

TEIL 2
... UND GEH!

Er gibt mir neue Kraft.
Er leitet mich auf sicheren Wegen
und macht seinem Namen damit alle Ehre.

Psalm 23,3

Kapitel 9

Vor ein paar Monaten war einer der engsten Freunde von Michael gestorben. Als ich davon erfahren hatte, zog es mir den Boden unter den Füßen weg. Manfred war ein toller Mensch und wie ein Onkel für mich gewesen. Er war außerdem der Patenonkel von Heiko und arbeitete als Arzt in demselben Krankenhaus, in dem ich meine Ausbildung absolviert hatte. Er starb völlig unerwartet von heute auf morgen, und sein Verlust war unerträglich für mich gewesen.

Die Wut, die sich über die Jahre hinweg schon immer wieder in meinen Glauben geschlichen hatte, brach nun mit voller Wucht aus mir heraus. Ich rebellierte und kämpfte gegen Gott. Wie konnte er nur zulassen, dass noch mal ein geliebter Mensch von mir ging?

Wo ich früher noch an seiner Güte festgehalten hatte, machte ich nun komplett dicht und schloss all den Schmerz, die Wut und die Verständnislosigkeit tief in meinem Herzen ein.

Mit all diesen Emotionen saß ich nach einem langen und harten Arbeitstag an einem Freitagabend im Restaurant.

Wir sind im Steakhaus mitten in Stuttgart. Es ist mein Lieblingsrestaurant und genau der richtige Ort zum Entspannen nach einer arbeitsreichen Woche.

Meine Freundin Lena studiert gerade noch die Speisekarte, den Merlot habe ich schon bestellt. Ich möchte sie gern überreden, mit mir tanzen zu gehen, und der Wein wird mir dabei hoffentlich helfen. Normalerweise gehe ich nicht gern tanzen beziehungsweise in Discos allgemein, lieber sitze ich gemütlich in einem netten Restaurant bei gutem Essen und entspanne mich. Aber diese Woche war so stressig, dass ich mich irgendwie abreagieren muss.

Und tatsächlich, zwei Stunden und eine Flasche Wein später ist Lena bereit, mit mir in den Club zu gehen, der direkt nebenan ist. Heute ist dort Hip-Hop-Abend. Wir sind nicht mal passend angezogen, ich trage sogar noch meine Tüte vom nachmittäglichen Shoppen mit mir herum. Noch einmal fahre ich mir durch meine Haare, die ich nun freiwillig kurz trage, aber da kann ich für den Moment auch nicht mehr Glamour rausholen. *Was solls? Ich will ja sowieso nur etwas Stress abbauen, tanzen und die Arbeitswoche vergessen,* denke ich mir.

Nachdem wir bei der Garderobe unsere Jacken und Taschen losgeworden sind, gehen wir die Treppe hinunter in den dunklen Club und dann gleich an die Bar. Dort fällt mir ein netter Mann auf, der uns auch direkt anlächelt.

„Hey, ich bin Christian", sagt er. „Ich würde euch gern einladen. Was mögt ihr denn trinken?" Lena und ich wechseln einen kurzen Blick und nicken dann. Warum nicht? Mir ist heute alles ziemlich egal. „Ich bin auch gar nicht allein hier", sagt er dann.

„Da hinten sitzt noch jemand." Er zeigt auf eine Sitzecke hinter der Bar, und ich drehe mich um. Ein blonder, breitschultriger Mann mit engem, blauem Shirt sitzt dort entspannt und lächelt in unsere Richtung. *Wow, was für ein schöner Mann,* denke ich. *Aber er wirkt auch unnahbar und irgendwie desinteressiert.* Trotzdem setzen wir uns mit unseren Getränken zu ihm.

Und weil ich schon angetrunken bin und mir sowieso alles egal ist, fange ich einfach an, dem fremden, schönen Mann von meiner Woche und von dem schmerzlichen Verlust von Manfred zu erzählen. Der schöne Mann heißt Philipp. Und er hört sich alles an und nickt immer an den richtigen Stellen.

„Wo kommst du eigentlich her?", fragt er irgendwann.

„Aus Ruanda", antworte ich.

„Aus Ruanda? Oh, das ist ja spannend. Ich habe schon so viel über das Land gelesen und vor allem über den Genozid. Erzählst du mir, woher du genau kommst?"

Ich freue mich, dass er so interessiert ist und scheinbar so viel weiß – und ja, natürlich erzähle ich ihm gern mehr.

Wir reden, tanzen und trinken, und irgendwann stehen wir allein draußen vorm Club. Mitten in der Innenstadt unter dem Sternenhimmel. Hier sind wir nur zu zweit. In unserer eigenen Blase.

Philipp schaut mich an und nimmt meine Hand. Er zieht sie an seinen Mund und gibt einen leichten Kuss darauf. Und ich weiß in diesem Moment, dass er mein Mann sein wird. Ich fühle mich geborgen und verstanden.

„Darf ich deine Nummer haben?", fragt Philipp mich. Ich nicke und wir tauschen unsere Nummern aus.

Als ich am nächsten Morgen verkatert in meiner Küche stehe, schüttele ich den Kopf über mich selbst. *So wie ich den gestern*

Nacht vollgelabert habe, werde ich wohl nie wieder etwas von ihm hören, denke ich mir. Langsam trinke ich meinen Kaffee. Plötzlich blinkt mein Handy und zeigt mir eine SMS von Philipp an. „Wie geht es dir? Das war schön gestern!", steht da. Ich schlucke und kann es kaum glauben, dass er sich wirklich bei mir meldet. Hat er mir gestern richtig zugehört, als ich ihm meine ganze Geschichte erzählt habe? Dann breitet sich ein Lächeln auf meinem Gesicht aus, das der Sonne, die draußen gerade durch die Wolken blitzt, Konkurrenz macht.

Er wirkte so machomäßig, gar nicht wie ein Familienmensch und jemand, der eine ernsthafte Beziehung sucht, denke ich. *Aber der erste Eindruck täuscht manchmal. Und vielleicht sollte ich gar nicht so weit denken,* überlege ich. *Familienmensch?! Ich habe ihn doch gerade erst kennengelernt.*

Lena und ich steigen aus dem Zug aus und sind mitten im schwäbischen Nirgendwo. Ich wollte Philipp unbedingt wiedersehen, also beschlossen wir, in der Therme in seinem Dorf einen Wellnesstag einzulegen. Wir wollten es natürlich nicht so aussehen lassen, als wenn wir nur wegen ihm gekommen wären.

Nach unserem Wellnessprogramm rufen wir Philipp an: „Wir könnten kurz bei dir vorbeikommen", sage ich und freue mich, als er direkt zustimmt.

Wenig später stehen wir bei Philipp vor der Tür und er öffnet uns.

Seine Eltern sind nicht da, also gehen wir direkt in sein Zimmer in den zweiten Stock. „Sein Reich" ist ziemlich groß und entspricht eher einer kleinen Wohnung als einem Zimmer. Es ist schön, ihn wiederzusehen und gleichzeitig auch zu sehen, wo er aufgewachsen ist. Wir entscheiden uns, gemeinsam einen Film zu schauen. Auch, weil Lena dabei ist.

Nach einiger Zeit höre ich unten Stimmen.

„Oh, das sind meine Eltern", sagt Philipp. „Ich gehe kurz runter und begrüße sie. Ihr könnt ja so lange einfach hierbleiben."

„Vielleicht komme ich mit", erwidere ich und stehe auf. Ich fände es unhöflich, im Haus seiner Eltern zu sein, ohne mich wenigstens vorgestellt zu haben.

„Okay!" Philipp nickt. „Klar, gute Idee!"

Wir gehen gemeinsam hinunter und ich begrüße seine Eltern. Sie sind sehr freundlich und herzlich, das fällt mir sofort auf. Ich bemühe mich sehr, einen guten Eindruck zu machen und bin ebenfalls höflich, zuvorkommend und nett. Danach gehen wir wieder zu Lena, die oben noch den Film weiterschaut. Plötzlich klingelt ein Telefon in Philipps Zimmer. Ich sehe ihn fragend an.

„Das ist das Haustelefon", sagt er. „Damit ruft mich meine Mama meistens zum Essen."

„Hallo? Mama?", sagt er in den Telefonhörer.

Und dann winkt er mich zu sich heran, damit ich mithören kann. Er legt seinen Finger auf seine Lippen und deutet mir, leise zu sein. Ich halte mein Ohr ebenfalls an den Hörer.

„Philipp, du hast wirklich jemand Nettes mit nach Hause gebracht. Du hast uns gar nicht gesagt, dass du eine dunkle Frau kennengelernt hast und wie freundlich sie ist. Jedenfalls eine ganz liebe Freundin hast du da, sehr nett und gut erzogen! Das gefällt mir!"

Nach dieser Lobeshymne auf mich legt sie auf, und ich schwebe wie auf Wolken. Ich strahle Philipp an, er strahlt mich an und küsst mich. Es fühlt sich nach zu Hause an und gleichzeitig wie das Aufregendste und Schönste, was ich je erlebt habe.

Ich stehe am Herd und bemühe mich, Essen wie in Ruanda zu kochen. Reis und Süßkartoffeln in Erdnusssoße und Kokosmilch, dazu gebratenes Hähnchen. Die Kokosmilch gebe ich noch dazu, weil ich weiß, dass Philipp sie so gern isst. Er hilft mir beim Schneiden und Zubereiten und schaut mich dabei immer wieder an. Es fühlt sich sehr aufregend an, mit ihm zusammen zu sein. Er ist noch so fremd, aber gleichzeitig ist es irgendwie schon so vertraut und locker mit ihm. Wir lachen viel zusammen, und er ist immer so liebevoll und interessiert an mir! Außerdem sieht er einfach so gut aus ... Philipp ist heute das erste Mal bei mir und das macht mich ganz nervös. Aber alles fühlt sich richtig an.

„Marie, ich habe die Möglichkeit, die Abschlussarbeit von meinem Studium hier in Stuttgart zu machen." Philipp schaut mich an, während ich die Kokosmilch in die Erdnusssoße gieße.

„Oh, das ist aber schön!", antworte ich und öffne das Fenster, damit der Dampf, der aus der Pfanne steigt, schneller abziehen kann. Ohne darüber nachzudenken schiebe ich hinterher: „Dann kannst du ja hier einziehen!"

Philipp lächelt mich skeptisch an. „Bist du dir sicher? Die Wohnung ist ja nicht so groß ..."

Ich nicke spontan. „Ja, ich bin mir sicher." Wir sind zwar noch in unserer Date- und Kennenlernphase, aber irgendwie bin ich mir trotzdem schon so sicher mit ihm, dass ich diesen Vorschlag tatsächlich ernst meine.

Wir fangen an zu diskutieren und reden sehr lange. Es ist eine große Entscheidung, die im Raum steht und die wir nicht so schnell treffen wollen. Schließlich nickt Philipp und stimmt meinem Vorschlag zu. Dann schließt er mich in seine starken Arme. Ich lehne an seiner Brust, atme seinen männlichen Duft ein und weiß: Ich bin angekommen.

Tatsächlich bestätigte sich in den nächsten Wochen und Monaten, dass Philipp wirklich der Richtige für mich war – und ist. Wir lernten uns immer besser kennen und lieben, aber mit den wachsenden Gefühlen für ihn wuchs auch meine panische Angst, noch einmal einen geliebten Menschen verlieren zu können. Ängste kontrollierten mein Leben und ließen immer wieder alte Wunden aufbrechen, doch Gott sei Dank konnte Philipp mit all dem umgehen und versuchte stets, mich und meine Vergangenheit zu verstehen. So war es für ihn auch klar, dass er irgendwann einmal mein Heimatland mit mir besuchen wollte. Im Dezember 2015 war es schließlich so weit. Die Reise brachte ihm das Land und die Kultur noch einmal so viel näher und half ihm, alles besser einordnen zu können. Aber auch uns beide sollte die Reise noch einmal einen entscheidenden Schritt näherbringen...

DEZEMBER 2015

Philipp schläft noch neben mir. Die ruandische Sonne geht langsam auf und blinzelt in unser Zimmer. Die weiße Bettwäsche erweckt den Eindruck, als wären wir in einem Hotel und nicht zu Besuch bei meinem Cousin Parfait. Parfait erinnert mich stark an meinen Bruder Jean Paul. Er ist nicht nur mein Cousin, sondern inzwischen auch mein bester Freund. Er hat ein wunderschönes, sehr modernes, großes Haus in Kigali, in dem Philipp und ich während unseres Aufenthalts unterkommen dürfen. Ich freue mich, Philipp nun endlich zeigen zu können, wo ich herkomme. Und vor allem freue ich mich, dass er von Anfang an einen guten Draht zu meinem Cousin gefunden hat und sie auf derselben Wellenlänge zu sein scheinen ...

Nun liege ich neben Philipp und betrachte ihn. Seine sehnigen, braun gebrannten Arme mit den hellblonden Haaren darauf, seine langen Wimpern und seine schönen Lippen – und vor allem sein wunderschönes Herz ... Ich bin so glücklich mit ihm!

„Schatz", ich stupse ihn leicht an. „Schatz, du musst aufstehen. Wir wollen heute doch an den Kivusee." Ich küsse ihn zart auf die Lippen und er seufzt und räkelt sich. Am liebsten würde ich auch noch mal einschlafen, aber ich ermahne mich selbst – und dann ihn: „Komm schon, Phil. Wir wollen doch nicht erst am Mittag loskommen!"

Normalerweise ist Philipp der Frühaufsteher von uns beiden, aber hier in Ruanda bin ich so euphorisch, dass ich, wie heute, meistens schon früher wach bin als er und dann auch aufstehen möchte.

„Ja, du hast ja recht", antwortet er und schiebt seufzend die Decke zur Seite. „Dann gehe ich jetzt duschen. Aber vorher bekomme ich erst mal einen Guten-Morgen-Kuss."

Lachend umarmt er mich und ich spüre das Glückskribbeln in meinem Bauch. Was für ein toller Mann! Etwas wehmütig wendet er sich von mir ab und geht ins Badezimmer.

Eine Minute später steht Philipp wieder vor mir.

„Schatz, es kommt kein Wasser aus dem Hahn!"

„Oh", sage ich. „Ja, das passiert hier manchmal."

„Willst du mich veräppeln?", Philipp schaut mich entsetzt an. „Wir sind hier doch mitten in der Großstadt! Das ist ein großes Haus und es gibt alles, was es in Deutschland auch gibt. Wieso gibt es kein Wasser?"

Ich lache. „Doch, Wasser gibt es schon. Es hat bestimmt schon jemand welches aus dem Brunnen geholt. Warte hier, ich lasse Wasser aus dem Tank holen."

„Was für ein Wassertank?", Philipp schüttelt leicht irritiert den Kopf.

„In Kigali lagert man Wasser als Vorrat in Tanks. Für solche Momente wie jetzt. Das kommt selten vor, aber wenn es dann doch mal passiert, kann man trotzdem duschen. Welcome to Africa, Baby", sage ich lachend.

Eine Stunde später haben wir unsere Tasche gepackt und sind auf dem Weg zum Kivusee. Dort werden wir in einem Resort übernachten. Ich freue mich auf diesen besonderen Ausflug mit Philipp. Das wird traumhaft!

Entspannt lehne ich mich zurück und lasse die Landschaft an mir vorüberziehen. Es ist trotz all der schmerzlichen Erinnerungen schön, wieder in Ruanda zu sein. Ich habe das Gefühl, immer mehr Heilung und Frieden zu finden. Und dennoch:

Wenn ich länger darüber nachdenke, was hier damals passiert ist, zieht sich mein Herz immer noch zusammen – vor Schmerz und Wut und voller Unverständnis darüber, warum ausgerechnet ich damals überlebt habe und andere nicht. Ich kann diese Frage immer noch nicht beantworten und in Momenten wie diesen lässt sie mir keine Ruhe.

Nach Cyangugu möchte ich mit Philipp nicht fahren. Ich möchte lieber bewusst einen unbeschwerten Urlaub mit ihm genießen. Ich schaue zu ihm hinüber. Mein Papa wäre mit Sicherheit sehr stolz, dass ich so einen intelligenten und verständnisvollen Mann als Freund habe. Ich hoffe, Philipp wird mir nach unseren drei Jahren Beziehung bald einen Antrag machen ... Drei Jahre sind zwar noch keine lange Zeit, aber es fühlt sich alles immer noch so richtig an und ich wünsche es mir einfach so sehr.

Seit wir in Ruanda gelandet sind, denke ich darüber nach, wie schön es wäre, er würde mir den Antrag hier in Ruanda machen. Ich merke, dass ich immer ungeduldiger werde, weil ich es mir bereits in allen Farben und Formen ausgemalt habe. Dabei ist es ja Philipps Entscheidung. Ich muss mich wirklich zusammenreißen. Und wenn ich noch mehr Andeutungen in diese Richtung mache, wird es auch nicht schneller gehen.

In der Lodge am Kivusee wird es so romantisch sein. Wir werden leise das Wasser plätschern hören, morgens direkt am Strand in einem kleinen Bungalow Maracujas, Papayas, Ananas, Baumtomaten und anderes leckeres Obst essen und einfach die Zeit genießen ... Es wäre die perfekte Gelegenheit für einen Antrag.

Tatsächlich hatten wir eine wunderschöne Zeit am Kivusee – wenn auch ohne Antrag – und verbrachten danach noch tolle Tage zusammen mit meinem Cousin Parfait. Wir unternahmen viel mit ihm in diesem Urlaub. Er zog mit uns um die Häuser und zeigte uns die besten Restaurants und alle anderen Highlights in Kigali. Wir feierten und genossen das Leben. Es war ein neues Ruanda, das ich so bisher noch nicht kannte. Es war sehr sauber und grün. Mittlerweile sogar plastikfrei. Nachts konnte man ohne Probleme durch die Straßen laufen, ohne Angst vor Gewalttaten haben zu müssen. Ich traf an einem Tag auch die Tochter von Jacqueline und Werner, die in Kigali ein Freiwilliges Soziales Jahr machte. Sie wohnte bei ihrer Großcousine Lou, meiner Freundin aus Kamembe. Deren Mama hatte den Genozid an den Tutsi ebenfalls überlebt und wohnte nun in einem sehr schönen Haus in Kigali. Wir trafen uns dort an einem Abend, bevor wir ausgehen wollten. Es war aber nur Lou da, Lili lebte zu dem Zeitpunkt schon im Ausland. Es erfüllte mein Herz, all diese Menschen und Orte Philipp zeigen zu können ...

Eine Liveband spielt direkt am Pool. Wir sind in Kigali auf einer Silvesterfeier in einer Hotelanlage. Parfait und ein amerikanischer Freund von ihm sitzen neben Philipp und mir an einem wunderschönen, festlich eingedeckten Tisch. Ich halte meinen Cocktail in der Hand und bin entspannt. Die Massage vorhin hat gutgetan. Die vielen aufgestellten Fackeln spiegeln sich im Poolwasser und ich denke mir: *Romantischer kann es kaum noch werden. Aber wenn Phil mir noch keinen Antrag macht, dann will ich das auch annehmen. Ich will es loslassen.* Ich seufze. *Aber schön wäre es trotzdem. Es wäre so perfekt hier an diesem Ort.*

Jetzt ist es fast so weit: Mitternacht – und damit der Jahreswechsel – rücken näher und die Kellner stellen schon einmal die gefüllten Sektgläser vor uns hin. Wir stehen auf und machen uns bereit, um den Countdown hinunterzuzählen.

„10–9–8–7–6–5–4–3–2–1." Die Lichter der vielen Lampen und Kerzen spiegeln sich in unseren Augen. Philipp und ich stoßen mit unseren Sektgläsern an. Ein neues Jahr beginnt. Plötzlich und völlig unerwartet fällt er vor mir auf die Knie. Ich schlage mir die Hände vor den Mund. Ich kann es nicht glauben.

„Mein Schatz, setz dich mal bitte. Ich dachte mir, dass es keinen besseren Ort gibt, um dich zu fragen, als hier. In dem Land, in dem du deine Familie verloren hast, will ich mit dir eine neue gründen. Marie, willst du mich heiraten und meine Frau werden?", sagt er und hält mir einen wunderschönen Ring in einer schwarzen Schachtel hin. Ich fange an zu weinen. Jetzt ist es doch passiert – er hat mir einen Antrag gemacht!

Ich nicke und hauche unter Tränen ein „Ja". Dann steckt er mir den Ring an meinen linken Ringfinger. Ich schaue ihn bewundernd an. Der Ring hat einen blauen Stein und ist atemberaubend schön.

Ich merke aus den Augenwinkeln, dass die anderen Gäste im Resort angefangen haben, uns zu filmen, aber es stört mich nicht. Ich bin überwältigt von meinen Emotionen und starre glückselig und tränenüberströmt abwechselnd Philipp und den Ring an meinem Finger an. Parfait ist außer sich vor Begeisterung. Er strahlt, klatscht, umarmt und gratuliert uns. Die Zeit bleibt für mich kurz stehen. Es ist ein unvergesslicher, glücksüberfluteter Moment, den ich niemals vergessen werde.

Danke Gott, denke ich. *Ich bin so dankbar.*

In der ruandischen Kultur ist es eigentlich nicht üblich, dass man unverheiratet zusammenlebt, denn die Menschen orientieren sich hier stark an den christlichen Werten. Es entspricht außerdem der Tradition, dass der Mann bei der Familie seiner Auserwählten offiziell um die Hand seiner zukünftigen Braut bittet. Man betrachtet die Ehe nicht nur als etwas, das zwischen zwei Menschen geschieht, sondern als etwas, das beide Familien betrifft. Um diese Tradition bündelt sich eine komplette Zeremonie. Man lädt Familienangehörige, Freunde und Nachbarn ein, nachdem ein Gespräch zwischen beiden Familien stattgefunden hat.

Oftmals sagt die Familie der Braut nicht sofort „Ja“, dann muss die Familie des Bräutigams in einer Zeremonie rhetorische Hürden überwinden. Anschließend wird den Brauteltern dann eine Kuh geschenkt. Eine Kuh hat einen hohen Stellenwert in Ruanda. Deshalb ist es eine große Anerkennung, wenn man eine Kuh geschenkt bekommt.

Auf die standesamtliche Hochzeit folgt in Ruanda traditionell auch die kirchliche. Philipp und ich machten jedoch vieles anders. Ich schwebte – und schwebe immer noch – oft zwischen beiden Kulturen. Mein Äußeres ist das einer Ruanderin. Mein Denken, Handeln und Sein ist mittlerweile aber deutsch. Ich finde es schön, zwei kulturelle Identitäten in mir zu tragen, auch wenn die ruandische nicht so stark ausgeprägt ist wie die deutsche. Und damals fand ich es einfach nur schön, verlobt zu sein …

„Schau mal, Schatz, der Laden sieht doch gut aus. Wollen wir uns da mal umschauen?“ Wir stehen zusammen vor einem sehr schicken Juwelier in der Esslinger Innenstadt. Es ist noch warm draußen, ein richtig schöner goldener Oktobertag. Wir halten uns an den Händen und schauen auf die Ablage im Schaufenster.

„Der dort würde mir gefallen", sage ich und zeige auf einen goldenen, schlichten Ring. „Na, dann lass uns mal reingehen und schauen", meint Philipp und öffnet mir die gläserne Ladentür.

Im Laden liegt ein dicker, roter Teppichboden aus und die Glasvitrinen glänzen vor lauter teuren Schmuckstücken. „Herzlich willkommen bei uns. Wie kann ich Ihnen behilflich sein?", spricht uns eine sehr schöne, brünette Verkäuferin an.

„Wir suchen Trauringe", sagt Philipp und lächelt mich dabei liebevoll an. Ich lächle verliebt zurück.

„Das eine Paar im Schaufenster hat mir sehr gut gefallen", sage ich und gehe mit der Verkäuferin nach vorne, um es ihr zu zeigen.

Sie holt die Ringe aus einer Schublade und hält sie uns hin. Sie sind tatsächlich wunderschön.

„Was kosten die denn?", frage ich. Und drei Sekunden später bleiben mir die Worte im Hals stecken bei der Antwort, die ich soeben bekommen habe. Mein erschrockenes Gesicht scheint Bände zu sprechen, denn die Verkäuferin lächelt freundlich und sagt dann: „Vielleicht trinken wir erst mal ein Glas Sekt. Was denken Sie?"

Noch bevor wir antworten können, sagt sie: „Ich bringe Ihnen mal zwei Gläser." Dann verschließt sie die Ringe wieder in der Schublade und verschwindet nach hinten, um den Sekt zu holen.

Ich schaue Philipp an und sage leise: „Ich will nicht so teure Ringe haben! Ich finde, wir können das Geld lieber für etwas anderes ausgeben, zum Beispiel für unsere Hochzeitsreise. So viel Geld für einen Ring – das ist doch verrückt!"

Philipp nickt erstaunt. „Dann machen wir das so." Und dann nimmt er mich plötzlich in den Arm, lacht und flüstert mir ins Ohr: „Du bist genau die richtige Frau für mich, weißt du das?"

23. DEZEMBER 2016

Gemeinsam laufen Philipp und ich ins Standesamt. Mein Kleid ist schlicht, aber wunderschön. Ich habe es erst vor zwei Wochen zu einem bezahlbaren Preis ergattert. Auch unsere Ringe sind preiswert, doch auch sie sind wunderschön. Genau richtig für uns.

Unsere Familie schaut uns fröhlich und berührt an. Ich sehe, dass ein paar Tränen in Françoises Augen glitzern. Ich strahle Philipp an und weiß, dass ich endgültig angekommen bin. In Deutschland und auch bei diesem Mann. Alles fühlt sich intensiv an, und ich sauge jede Berührung, jeden Moment tief in mich auf und verwahre alles in meinem Herzen. Ich fühle mich zum Zerspringen glücklich, als ich schließlich „Ja" sage und Philipp mir meinen Ehering aufsteckt. Jetzt sind wir Mann und Frau – und ich wusste es bereits an dem Abend, als wir uns kennengelernt haben, dass wir das einmal werden würden!

Auch nach unserer Hochzeit hatte ich noch sehr große Angst, Philipp zu verlieren. Ich war ziemlich eifersüchtig, sogar dann, wenn ihn eine andere Frau nur anschaute. Er brachte mich aber immer wieder zurück auf den Boden der Tatsachen und beruhigte mich jedes Mal.

151

Gleichzeitig sagte er in solchen Momenten jedoch auch deutlich: „So nicht", aber betonte im selben Atemzug: „Ich sehe eine andere Marie in dir. In diese Marie habe ich mich verliebt. Und ich weiß, dass sie eines Tages wieder zum Vorschein kommen wird."

Damit hatte er recht, diese eifersüchtige Marie, das war ich nicht. Das waren wieder nur die alten Wunden, die aufklafften, und meine Verlustangst triggerten.

Philipps Liebe und sein Verständnis mir gegenüber waren für mich so segensreich. Er ertrug alles mit mir – in guten wie in schlechten Zeiten. Ich weinte viel, vor allem im April, als sich der Genozid an meiner Familie wieder jährte. Ich konnte die Tatsache, dass Menschen anderen so etwas Furchtbares antun konnten, immer noch nicht fassen. Ich war jetzt so glücklich und hatte einen tollen Mann gefunden, aber ich würde dieses Glück niemals mehr mit meinen Eltern und allen anderen, die ich verloren hatte, teilen können. Wie konnte man anderen einfach seine geliebten Menschen nehmen?? Niemand konnte mir das erklären. Auch Philipp nicht, aber er sagte immer wieder zu mir: „Jetzt bist du in Sicherheit. Ich würde dir gern sagen, dass ich deine Gefühle verstehen kann, aber das kann ich nicht. Das kann nur jemand nachvollziehen, der etwas ähnlich Grausames erlebt hat. Aber eines darfst du wissen: Ich bin immer für dich da."

15. April 2017

Die Gedenktage anlässlich des Genozids an den Tutsi sind vorbei und waren wieder einmal sehr emotional für mich. 23 Jahre sind inzwischen vergangen. Ich stehe in der Küche meiner Schwiegereltern und schäle Kartoffeln. Meine Schwiegermama

Martha steht neben mir und erzählt mir von den Osterfeiern ihrer Kindheit. Die Männer sind noch draußen im Garten und holen Feuerholz für den Kamin. Ich fühle mich langsam angekommen in diesem kleinen Dorf – mit jedem Besuch ein bisschen mehr. Zu Beginn haben mich die meisten Menschen hier noch interessiert angestarrt, doch inzwischen haben sich alle an mich gewöhnt. Ich genieße die nette Nachbarschaft, die Hilfsbereitschaft untereinander und die frische Landluft. Vorhin hat meine Schwiegermama noch schnell Bioeier in der Nachbarschaft gekauft. Es ist so idyllisch hier. Alle sind interessiert aneinander, die Dorfgemeinschaft ist eng und freundlich. *Hier ist die Welt wirklich noch in Ordnung*, denke ich mir.

Es fühlt sich beinahe so an wie in meiner Kindheit. Giheke war schließlich auch ein kleines Dorf gewesen und dort haben wir ebenfalls alle zusammen gekocht, geplaudert und gelacht. Diese ausgelassene Stimmung, diese Freude und Nähe war und ist wunderschön. Wie sehr ich das genieße! Und wie dankbar ich für meine neue Familie bin! Mein Schwiegerpapa Horst ist sehr belesen. Ich unterhalte mich gerne mit ihm über Gott und die Welt. Und meine Schwägerin Nora ist für mich wie eine Schwester geworden. Sie ist für mich ein richtiger Goldschatz. Ich hätte nie gedacht, noch einmal so eine Familie geschenkt zu bekommen.

Kapitel 10

In den ganzen Jahren seit meiner Flucht rebellierte ich immer wieder gegen Gott. Ich liebte ihn zwar, weil ich als Kind mit dem christlichen Glauben aufgewachsen und von Gottes Existenz überzeugt war, aber trotz dieser Liebe war ich voller Vorwürfe ihm gegenüber. Der Glaube meiner Eltern hatte mir jedoch Ehrfurcht und Respekt beigebracht, sodass ich Gott zwar Vorwürfe machte, diese aber immer nur in so einer „abgemilderten" Form zum Ausdruck brachte, wie sie meine Ehrfurcht vor ihm gerade noch zuließ. Ich wälzte die Theodizee-Fragen immer und immer wieder in meinem Herzen herum und fragte Gott: „Warum hast du das zugelassen? Wieso musste das alles passieren?" Aber danach fügte ich stets ein „Ich liebe dich" hinzu. Ich konnte Gott nicht anschreien. Niemals. Selbst, wenn ich es gewollt hätte, hätte ich es nicht fertigbringen können.

Ich habe nicht verstanden, wie er so etwas Grausames zulassen konnte. Eigentlich verstand ich das ganze Wesen Gottes nicht, doch trotz allem ging eine Faszination und Anziehung von ihm aus. Es war ein Gefühl der ständigen Zerrissenheit, das sich auch in meinem Wesen und Charakter zeigte. Wenn ich mich Gott nahe fühlte, war auch mein Leben leichter zu ertragen – und ich selbst. Wenn ich

*anfing, innerlich gegen Gott zu rebellieren, wurde alles schwerer und
ich selbst im Alltag unerträglich.*

*Mit meinem Verhalten verletzte ich in diesen Phasen Menschen,
die mir nahestanden und stehen: Meine Eltern Michael und Françoise, meine Geschwister Yasmine und Heiko, meine Freunde und
Schulkameraden, später auch meinen Mann. Doch dies tat ich nicht
mit böser Absicht – es tat mir sogar währenddessen unendlich leid.
Aber ich hatte in solchen Momenten das Empfinden, meiner eigenen
Zerrissenheit ausgeliefert zu sein und meiner Wut und meinem Frust
einfach irgendwie Luft machen zu müssen. Es fühlte sich so an, als
wenn mich etwas Übermächtiges kontrollieren würde und ich mein
verletzendes Verhalten dann einfach zuließ. Auch nachdem ich durch
die Hochzeit mit Philipp längst endgültig „angekommen" war, gab es
diese Momente noch, und meine Beziehung zu Gott war nach wie vor
von stillen Vorwürfen und quälenden, offenen Fragen geprägt. Bis ich
eines Tages eine Antwort bekam, die alles veränderte...*

Ich bin auf dem Weg zur Arbeit. Inzwischen arbeite ich wieder
in einer kleinen Klinik, da ich es zu sehr vermisst habe, Krankenschwester zu sein. Die Fußgängerampel hat gerade auf Rot
umgeschaltet, sodass ich warten muss. Ich warte und warte,
während die Autos an mir vorbeifahren. Es ist Rushhour am
frühen Morgen. Während ich so dastehe und warte, habe ich
plötzlich das Bedürfnis, mich bei Gott zu bedanken. *Dankeschön*, denke ich, und spüre direkt danach eine große Wärme
in meinem Herzen.

*Dieses Danken fühlte sich so gut an, dass ich von da an begann, mich
jeden Tag kurz bei Gott zu bedanken, bevor ich zur Arbeit ging. Denn
obwohl ich immer noch wütend auf ihn war, blieb ich ihm gegenüber*

auch immer noch höflich und respektvoll. Ungefähr eine Woche später begann meine Schwester Jeanne de Chantal, mir Audionachrichten mit kurzen Impulsen und Gebeten weiterzuleiten. Sie kamen von Kanguka, einer Gemeinde aus Burundi. Ich hatte von ein paar ruandischen Pastoren gehört, die Menschen nur das Geld aus der Tasche ziehen und ihren Glauben missbrauchen wollten. Ich war also sehr skeptisch, dennoch hörte ich mir die Audios an. Irgendetwas an diesem Pastor war anders. Er war bodenständig und demütig vor Gott. Er sprach nicht von sich selbst, sondern lehrte die Bibel.

Ein paar Tage später, an einem Donnerstag, bin ich auf dem Weg zu meiner Freundin Feben. Die Oktobersonne scheint mir warm ins Gesicht, aber ich bin heute etwas geknickt und habe es eilig. Ich kenne Feben inzwischen schon seit 17 Jahren. Sie ist sehr verständnisvoll und einfühlsam. Ich kann stundenlang mit ihr reden und schätze ihre Ehrlichkeit, Offenheit und Direktheit.

Wir haben uns als Teenager in einem Hip-Hop-Laden kennengelernt, wo wir uns beide in den Sommerferien unser Taschengeld aufbesserten. Aber heute gibt es keinen schönen Anlass, um sie zu sehen. Sie hat vor Kurzem ihren Papa verloren und ist in tiefer Trauer. Und ich mit ihr. Ich kenne diesen Schmerz nur zu gut. Ich hoffe, dass ich ihr Trost und Halt geben kann und fühle mich sehr mit ihr verbunden.

Vorhin habe ich mir noch die tägliche Gebetsnachricht angehört, die mir meine Schwester wieder geschickt hat. Ich habe mir, seitdem ich diese Nachrichten bekomme, angewöhnt, jeden Tag drei Punkte anzuwenden, die mir schon jetzt eine ganz andere Lebensgrundlage geben.

Diese drei Punkte sind: 1. Ich starte meinen Tag mit Gott und ich beende ihn mit Gott. 2. Ich will Gottes Willen akzeptieren, auch wenn er mal nicht meinem eigenen entspricht. 3. Ich will jammern vermeiden und stattdessen in allem dankbar sein.

Ab und zu bin ich in den letzten Wochen in Gottesdiensten der katholischen Kirche gewesen, aber so richtig haben sie mich nicht berührt. Es hat sich einfach nicht wie mein geistliches Zuhause angefühlt, und so habe ich versucht, meinen Glauben vorläufig selbst am Leben zu halten.

Als ich später wieder zu Hause bin, öffne ich achtlos mein Handy und will die offenen Tabs schließen. Da sehe ich, dass auf dem Kamera-Tab ein Foto von mir in Febens Wohnzimmer vor einem Gemälde von Jesus ist. Ich bin mir sicher: Ich habe kein Foto gemacht und die Tastatur des Handys auch nicht betätigt. Und nun ist da dieses Standbild und ich kann mir absolut nicht erklären, wie es entstanden ist.

Ich runzle die Stirn und schaue das Foto genauer an: Es ist ein sakrales Gemälde, wie ich es aus der katholischen Kirche kenne, und durch die Fotoperspektive sieht es so aus, als wenn Jesus mich von hinten umarmen würde. Er ist dunkelhäutig und trägt einen Bart auf dem Gemälde.

Ich starre auf das Foto.

Als Kind hatte ich mehr mit Maria als mit Jesus zu tun. Vor ihrem Sohn hatte ich eher Angst. Denn was könnte ich schon jemandem geben, der für mich gestorben ist? Müsste ich nicht erst ohne Sünde sein, um zu Jesus zu kommen und zu ihm beten zu können? Vor Gott, dem Vater, fühle ich mich frei, aber vor seinem Sohn? Das fühlt sich für mich irgendwie anders an.

Ein paar Stunden später sitze ich im Schlafanzug auf unserem Bett und denke noch einmal über das Foto nach. Dann entscheide ich mich, zu beten. „Lieber Gott", fange ich an. „Ich habe Angst vor deinem Sohn. Wie kann ich jemals wiedergutmachen, was er für mich getan hat? Wie kann ich überhaupt vor ihm bestehen, um von ihm angenommen zu werden?"

Die letzten Meter bis zum Krankenhaus gehe ich immer zu Fuß. Der Weg hilft mir, meinen Kopf freizubekommen und mich mental auf die Arbeit einzustellen. Plötzlich höre ich eine Stimme in meinem Herzen: **„Bedanke dich bei Gott."**

Ich bleibe stehen. Die Stimme kommt mir bekannt vor. Es ist die gleiche, die ich am 11. April 1994 in der Bananenstaude gehört habe mit den Worten: „Bleib so lange liegen, bis ich dir sage, dass du wieder aufstehen kannst." Es kommt mir vor, als sei dieser Tag erst gestern gewesen, so lebendig und real habe ich die Szene noch vor Augen. Und jetzt sagt mir die Stimme von damals, ich soll mich bedanken? Bei Gott? Habe ich das nicht längst getan? Und überhaupt: Ich höre Stimmen! Das kann nicht gut sein. Aber es ist dieselbe Stimme, wegen der ich damals überlebt habe.

Ich gehe weiter. Stimmen im Alltag zu hören ist etwas, was ich gern ignorieren möchte. Meine Schicht beginnt und ich bin abgelenkt. Es gibt sehr viel zu tun. Erst einige Stunden später habe ich Pause und setze mich kurz hin, um mich auszuruhen.

„Bedank dich bei Gott." Da ist die Stimme wieder! *Ich habe mich doch schon bedankt,* denke ich wieder. Schließlich versuche ich nun schon seit einiger Zeit, meinen Tag mit Gott zu beginnen und auch wieder zu beenden und dankbar zu sein. Was soll ich denn noch tun?

Ich schüttele den Gedanken an die Stimme wieder von mir ab. Ich muss mich jetzt erst mal auf die Arbeit konzentrieren.

Doch als ich abends nach Hause komme und die Haustür aufschließe, schallt die Stimme wieder in meinem Kopf, diesmal nachhaltiger und lauter: **„Bedanke dich bei Gott."** Da Philipp noch nicht da ist, gehe ich ins Schlafzimmer. Eigentlich will ich das Abendessen kochen, aber ich kann mich ja noch schnell bedanken und abends vor dem Schlafengehen dann noch mal beten. So plane ich es zumindest. Dass sich im nächsten Moment mein ganzes Leben ändern wird, ahne ich nicht.

Im Schlafzimmer mache ich automatisch die Tür hinter mir zu, knie mich auf ein Kissen vor mein Bett und schließe die Augen.

„Danke, Gott", sage ich von Herzen und laut. Dann öffne ich meine Augen wieder und will aufstehen. Doch es geht nicht. Ich versuche es wieder, aber meine Beine gehorchen mir nicht. Sie wirken wie festgeklebt am Fußboden. Ich bekomme Panik. Ich kann meine Beine nicht mehr bewegen! Was passiert hier gerade? Aber während in der einen Sekunde noch die blanke Panik in mir hochkriecht, weicht sie in der nächsten einem unbeschreiblichen Frieden. Dieser Friede erfüllt nun mein ganzes Sein. Die Angst verschwindet und ich bleibe knien und ruhe in diesem Frieden.

Und dann passiert etwas, was mich an den Moment erinnert, als ich mit neun Jahren vor den Grenzsoldaten auf dem Weg nach Kamembe stand. Es fühlt sich an, als würde ich meinen Körper verlassen! Plötzlich sehe ich, wie meine Hände anfangen, zu klatschen. Ich blicke nach oben an die Zimmerdecke und höre mich selbst sagen: „Danke, Jesus." In dem Moment, als ich diese zwei Worte ausspreche, sehe ich in einer Art Vision, wie ich einen riesigen, verwaschenen grünen Wanderrucksack trage. Dieser ist vollgepackt mit schweren Steinen. Bis obenhin. Doch nun fallen die Steine nach und nach aus dem Rucksack heraus und mit jedem fallenden Stein wird mir ein wenig leichter ums Herz. Mir kullern die Tränen aus den Augen und gleichzeitig muss ich lachen. Es sind Tränen der Erleichterung und der Freude.

Dann höre ich die Stimme wieder. Doch diesmal ist sie lauter: **„Fürchte dich nicht, mein Kind. Ich bin es."** Ich halte inne. Verblüfft und perplex.

„Ich habe dich immer getragen, hab keine Angst. Ich bin immer bei dir gewesen, ich habe dich nie allein gelassen", sagt die Stimme weiter und mir fällt nur noch ein Name ein:

„Jesus", schreie ich.

In diesem Augenblick spüre ich einen Wind um mich herum. Er ist kraftvoll und stark und hüllt mich ganz ein. Ich will die Fenster schließen, aber sehe, dass sie geschlossen sind.

Plötzlich verändert sich der Wind und wird zu einer Umarmung überfließender, unendlicher Liebe. Ich möchte mich einkuscheln in diese Umarmung, so wunderbar fühlt sie sich an. Wie vollkommene Freude. Ich lache und weine immer noch. Ich klatsche wieder in meine Hände und rufe noch einmal: **„Danke, Jesus!" Und in diesem heiligen Moment, umgeben von göttlicher Liebe und durchdrungen von übernatürlichem Frieden, verstummen zum ersten Mal alle die quälenden Fragen in mir, und ich ahne, dass Jesus selbst die Antwort ist. Für alles.**

„Ich möchte, dass du das als erstes dem Pastor von Burundi erzählst!", sagt die Stimme noch.

„Wie soll das denn gehen? Er hat doch so viele Menschen, die er betreut und die ihm etwas erzählen wollen", antworte ich skeptisch. Doch dann macht es auf einmal „klick" und ich befinde mich wieder ganz im Hier und Jetzt. Aber ich fühle mich immer noch so, als würde ich schweben, und kann nicht begreifen, was gerade passiert ist. Ich stehe auf und gehe ins Wohnzimmer. Meine Beine zittern, also setze ich mich erst mal aufs Sofa.

Ein paar Tage später klingelt das Telefon und – ich kann es kaum fassen – der Pastor aus Burundi ruft mich höchstpersönlich an! Er hatte meine Nummer von seinem Team. Er hätte mich nicht anrufen müssen, aber tat es trotzdem... Ich bin furchtbar aufgeregt, doch schon nach ein paar Minuten Gespräch mit ihm fällt jegliche Anspannung von mir ab. Er ist so freundlich und zuvorkommend! Geduldig hört er sich meine Geschichte an und fragt mich am Ende nur einen Satz: „Hast du jemals Jesus in dein Leben gelassen?" Ich verneine. Denn obwohl ich immer an Gott geglaubt habe, habe ich mich Jesus bisher verschlossen.

„Möchtest du das denn tun?" Ich nicke. Ich bin bereit. Dann fällt mir ein, dass er mein Nicken durch den Hörer ja gar nicht hören kann. Also sage ich noch mal: „Ja."

„Gut, dann bete ich jetzt mit dir am Telefon und du sprichst mir nach."

Und dann übergebe ich Jesus mein Herz. Am Telefon. „Bringst du mir alles bei, Jesus? Ich habe doch keine Ahnung", bete ich danach. Und mit diesem Gebet ändert sich mein ganzes Leben.

Ich hatte mein Leben lang an Gott geglaubt, doch an Jesus vorbeigelebt. Nun begriff ich endlich seine entscheidende Rolle: Jesus ist der Weg zum Vater. Und der Glaube an ihn und an sein Erlösungswerk am Kreuz macht mich erst zu einem wahren Kind Gottes. Plötzlich verstand ich meine Identität als Christin. Ich begriff, dass Jesus für alle Menschen gestorben ist und für alles, was sie jemals an Schuld auf sich geladen haben. Und ich begriff, dass er der einzige Weg zu Gott, dem Vater, ist, den er aus Gnade für uns freigemacht hat.

Ja, ich verstand zum ersten Mal so richtig die Gnade Gottes uns Menschen gegenüber. Die Gnade des Gottes von Israel, der durch seinen Sohn Jesus Christus auch mich zu seinem Kind machen und mir alle Schuld vergeben wollte. Das ist ein Geschenk und nicht selbstverständlich! Ich begriff, was es bedeutet, dieses Geschenk anzunehmen und wirklich umzukehren: meine Lebenshaltung zu ändern und dem wahrhaftigen Gott die Kontrolle in meinem Leben zu überlassen; ihn den König über alles sein zu lassen.

Vor allem aber begriff ich, wie unfassbar dieser Gott mich – und alle Menschen – lieben musste. Die Frage nach Gerechtigkeit und Vergeltung für das böse Handeln der Mörder meiner Familie war plötzlich nicht mehr relevant, als Jesu Liebe mich traf. Warum das alles passieren musste, konnte ich immer noch nicht beantworten. Aber als ich in diesem Moment den aus unfassbarer Liebe für uns am Kreuz leidenden Jesus vor mir sah, konnte ich endlich diese quälende Frage beiseitelegen. Denn sie wog nicht mehr so schwer. Ich hatte das Wichtigste verstanden: dass Jesus Christus der Herr ist und dass er sich aufgrund der ganzen Ungerechtigkeit dieser Welt für uns in den Tod geliebt hat, damit wir daran nicht zerbrechen müssen, sondern mit ihm auferstehen und ein neues Leben beginnen können.

Der Heilige Geist gab mir die Kraft und Weisheit, das alles endlich zu verstehen. Doch nach meiner Bekehrung begann auch der geistliche Kampf, weil ich auf viele Widerstände stieß. Aber Gott zeigte mir durch sein Wort, welche „Waffenrüstung" ich brauchte (vgl. Epheser 6,14–17), außerdem merkte ich, dass Jesus immer bei mir

war und mit in meinem Boot saß, wenn mein Leben stürmig wurde.
Das Wort Gottes wurde meine „tägliche Nahrung" und je mehr ich
darin las, desto mehr konnte ich in Gottes Verheißungen ruhen – und
gleichzeitig geistlich weiterwachsen. Auf dass der Baum des Lebens in
mir aufblüht und sich die Früchte des Heiligen Geistes voll und ganz
in mir entfalten!

DEZEMBER 2017

In der Nacht, bevor ich einen großen innerlichen Heilungsschritt er-
leben sollte, hatte ich einen Traum. In dem Traum ging es um zwei
Lämmer. Diese Lämmer standen nebeneinander und sahen sich sehr
ähnlich, wie Zwillinge. Das eine Lamm war jedoch abgemagert und
das andere sehr füllig. Während das eine kränklich wirkte, sah das
andere gesund aus. Das füllige Lamm sah arrogant und ignorant auf
das magere Lamm herab. Da drehte sich das magere Lamm trau-
rig um und lief in einen Aufzug hinein. Im Aufzug wartete schon ein
Mann auf das Lamm. Dieser beugte sich zu ihm hinab und begann,
das Lamm aufzupäppeln und gesund zu pflegen.
Am nächsten Tag ging mir dieser Traum nicht mehr aus dem Kopf.
Ich betete und fragte Gott, was er zu bedeuten habe. Er antwortete
mir: „Mein Kind, die zwei Lämmer bist du. Das füllige Lamm, das
bist du jetzt, und das magere Lamm bist du in der Vergangenheit.
Beide Anteile gehören zu dir und müssen sich miteinander versöh-
nen. Das magere Lamm braucht noch einmal deine Zuwendung – vor
allem braucht es meine Zuwendung. Also nimm dir Zeit und erzähle
mir alles, was du durchgemacht hast."
Ich antwortete Gott: „Aber, Vater, das weißt du doch schon alles."

„Ja, mein Kind", sprach er, „aber ich möchte es gerne noch einmal aus deinem Mund hören, damit wir darüber reden können und ich dir helfen kann".

Ich war verblüfft. Was geschah hier? Konnte Gott – konnte Jesus – so deutlich zu mir sprechen? Bildete ich mir das alles nur ein? Aber da in der Vergangenheit schon alles wahr geworden war, was er mir prophezeit hatte, wollte ich Gott auch dieses Mal glauben und traute mich, mit Jesu Hilfe, zum ersten Mal im Gebet offen über alles zu sprechen, was ich erlebt hatte.

Es ist Samstagabend. Die Kerze flackert auf dem Wohnzimmertisch und ich habe mich auf unserem grauen Sofa eingekuschelt. Ich möchte Jesus gehorchen und ihm noch mal meine Geschichte erzählen. Da er ohnehin schon alles weiß, muss ich ja nicht so weit ausholen. Hoffe ich zumindest. Ich möchte es nämlich am liebsten schnell hinter mich bringen.

Als ich beginne, Gott meine Geschichte zu erzählen, merke ich, dass es doch nicht so einfach und schnell geht wie gehofft. Tränen fließen mir übers Gesicht und ich kann sie nicht mehr stoppen. Aber ich erzähle weiter. Ich weiß, mir kann nichts passieren, denn Gott meint es gut mit mir. Seit dem Moment im Schlafzimmer, in dem ich begriffen habe, dass dieser mir so ferne Jesus selbst Gott war und ist und dass er den Menschen durch sein eigenes Menschsein und Leiden so nah kam, wie er ihnen nur kommen konnte, hatte ich einen ganz anderen Zugang zu Gott bekommen. Ich traute mich nun, echt vor ihm zu sein. Mit meinem ganzen Menschsein. Denn ich habe begriffen, dass es ihm nicht nur um Ehrfurcht und Gehorsam geht, sondern eben auch um mein Herz, in dem er durch seinen Heiligen Geist wohnen will – und dass er heilen will.

Als ich an die Stelle komme, wo ich meine Mama nach den schrecklichen Schüssen tot in der Plantage liegen sah, bleibt mein Herz kurz stehen. Ich kann nicht weitersprechen. Dieser letzte Blick auf sie hat sich tief in meine Seele eingebrannt und ich kann mich nur noch schwer erinnern, wie meine Mama vorher ausgesehen hat. Immer wieder schiebt sich dieser furchtbare Anblick vor mein inneres Auge, wenn ich an sie zurückdenken will. Auch heute wieder. Ich schüttele den Kopf, als könnte ich so auch die schrecklichen Erinnerungen von mir abschütteln. *Ich will das nicht mehr denken!*

„Jesus, hilf mir!", flüstere ich und starre in die Kerze vor mir, um mich abzulenken.

„Mein Kind, hol dir etwas zum Trinken. Lass uns kurz Pause machen", höre ich Gottes Stimme in meinem Herzen. Ich gehe in die Küche, um mir Wasser zu holen. Aber ohne darüber nachzudenken, mache ich mir Igikoma. Das Lieblingsgetränk aus meiner Kindheit in Ruanda. Ich vermische die Braunhirse mit Milch und Wasser und koche sie mit Honig auf. Dann trinke ich es langsam – und es schmeckt köstlich! Ich halte inne. *Warum schmeckt es mir so gut, obwohl ich mich eigentlich gerade in einem Trauerzustand befinde?*

„Marie, du bist in der Gegenwart Gottes, ganz egal, was du gerade durchmachst und wie komisch du dir dabei vorkommst, es ist alles anders, als du es gewöhnt bist", spricht Gott erneut zu mir.

„Schmeckt's denn, mein Kind?" Ich muss fast lachen. Gott hat Humor.

„Ja, Vater, es schmeckt heute tatsächlich besonders lecker." Dieser Moment fühlt sich so intensiv an. Gottes Liebe umhüllt mich so spürbar, dass ich tatsächlich anfange zu lachen, obwohl ich gerade noch geweint habe. Ich fühle, dass ich eine noch stärkere Vater-Tochter-Bindung zu Gott bekommen habe, und die Freude darüber erfüllt mich nachhaltig.

Mit Igikoma in der Hand erzähle ich nun Gott die Situation, als meine Mama starb. Auf einmal fällt mir wieder eine Predigt ein, die ich mir ein paar Tage vorher online angeschaut habe. In der Predigt ging es darum, dass Jesus wie eine Tür ist. Ich hatte dieses Bild auch in der Bibel nachgeschlagen, aber es hatte mich an diesem Tag nicht großartig bewegt.

„Ich bin die Tür", sagt Gott jetzt zu mir. „Und was machst du mit einer Tür?"

Ich antworte: „Ich öffne sie. Jesus, ich gebe dir das schreckliche Bild von meiner Mama ab und lege es vor dein Kreuz. Ich ertrage es nicht mehr, deshalb bitte ich dich, mache du die Tür auf und zeig mir, was auf der anderen Seite meines Schmerzes ist."

Mit diesem Gebet beende ich vorerst die Nacherzählung meiner Geschichte. Und Gott antwortet mir darauf, jedoch nicht sofort.

Ein paar Tage später fällt mir plötzlich eine Szene aus meiner Kindheit ein, an die ich gar nicht so gerne zurückdenke: Eine Klassenkameradin von mir hatte einen Pulli an, den ich unheimlich schön fand. Er war pink und weich und sah immer total schick an ihr aus! Ich wollte mir diesen Pulli so gern einmal ausleihen, aber ich durfte es nie. Eines Tages waren wir auf dem Heimweg von der Schule und es regnete sehr stark – es war mitten in der Regenzeit und außerdem sehr kalt. Ich trug einen dicken Wollpulli, der ein bisschen kratzte, aber perfekt für dieses Wetter war.

„Hey, du wolltest doch immer mal meinen Pulli haben!", sagte das Mädchen plötzlich zu mir. Meine Augen fingen vor

Begeisterung an zu leuchten. Endlich! Mein Moment war gekommen! Also nickte ich und wir tauschten unsere Pullover. Ihrer fühlte sich auch wirklich so an, wie er aussah: ganz weich und zart. Doch leider war er komplett regendurchlässig und erfüllte seinen Zweck überhaupt nicht. Schon nach zehn Minuten zitterte ich am ganzen Körper, während meine Klassenkameradin warmgehalten und glücklich aussah.

Als ich schließlich kurz vor unserem Haus ankam, hatte mich meine Mama schon durchs Fenster kommen gesehen. Sie rannte mir entgegen, umarmte mich und zog mir zu Hause sofort warme Sachen an. Sie umsorgte mich liebevoll und kümmerte sich darum, dass mir schnell wieder warm wurde. Sie lief später sogar zur Mutter meiner Klassenkameradin und sagte ihr, dass so etwas nie wieder vorkommen dürfe. Sie beschützte mich, kämpfte für mich und tröstete mich.

Ich kämpfe mit den Tränen, als mir all diese Bilder wieder hochkommen. Plötzlich kann ich meine Mama wieder lebendig vor mir sehen und ihr Wesen fühlen. Ich kann mich wieder an ihre liebevolle Art, ihre Wärme und ihr bezauberndes Lächeln erinnern. Ich erinnere mich, wie gern ich mich an sie gekuschelt und mich an ihren Beinen festgehalten habe, als ich noch ganz klein war. Das Bild von meiner toten Mama wird auf einmal überflutet von guten Erinnerungen an meine lebende und liebende Mama. Ich weiß wieder genau, wie sie aussah! Ich kann mich an sie erinnern!

Ich lächle vor mich hin und ein tiefer Frieden und eine wahre Glückseligkeit machen sich in mir breit und füllen mein ganzes Sein.

„Danke, Jesus!", flüstere ich.

Jedes Mal, wenn ich seitdem an meine Mama denke, sehe ich vor meinem inneren Auge wieder dieses Bild, wie sie auf mich zu gerannt kommt und mich intensiv umarmt. Das andere Bild ist nicht komplett weg, aber es hat keine Macht mehr über mich. Seit diesem tiefen Heilungsmoment spürte ich, dass ich immer heiler und glücklicher wurde. Jesus hatte das Tote in mir durch etwas Gesundes ersetzt. Ich begann zu begreifen, was es bedeutet, wenn Jesus sagt: „Ich bin das Leben" und dass wir den Tod nicht sehen werden, wenn wir ihm nachfolgen und an ihn glauben.

Die schlechten Erfahrungen und Erlebnisse nagen bewusst oder unbewusst immer wieder an uns. Aber Jesus kann auf so eine unbeschreibliche und wundervolle Art heilen, dass unsere Wunden „für immer, bis in alle Ewigkeit" heilen – oder anders ausgedrückt: dass jetzt schon etwas von seinem ewigen Leben, in dem es keinen Schmerz mehr gibt, in unser irdisches Leben hineinfließt. Ich bin so dankbar, mich wieder an die tiefe Liebe meiner Mama erinnern zu können. Weil ich einen Gott habe, dessen Liebe stärker ist als der Tod.

Als ich Jesus damals in meinem Schlafzimmer begegnet bin, fühlte es sich so an, als sei ich endlich angekommen – nicht nur in einem Land und bei einem Menschen, sondern bei meinem Schöpfer, bei meinem Herrn und meinem Gott. Ich war vorher schon in verschiedenen Gemeinden gewesen, aber es hatte sich nie „richtig" angefühlt.

Im Nachhinein glaube ich jedoch, das hatte weniger mit den Gemeinden zu tun als mit mir selbst – denn mir hatte einfach noch das letzte, aber so entscheidende Puzzleteil in meinem Glauben gefehlt: Wer Jesus Christus wirklich war und was sein Tod und seine Auferstehung für mich ganz persönlich bedeuteten.

Aber seit dieser Begegnung mit ihm veränderte sich etwas in mir. Ich wollte auf einmal am liebsten die ganze Welt umarmen. Ich fühlte echte und tiefe Liebe in mir – auch mir selbst gegenüber. Ich war so voller Begeisterung über Jesus, dass ich meine Freude unbedingt mit anderen teilen wollte und deshalb begann, Bibelverse in meinem WhatsApp-Status zu posten. Manche sprachen mich darauf an und fragten, ob ich nun in einer Sekte sei und ob alles in Ordnung mit mir wäre. „Du bist so anders geworden", sagten sie. Und ich dachte in diesen Momenten: „Ja, ich bin anders. Denn ich bin genau dort angekommen, wo ich schon immer sein wollte." Also antwortete ich: „Ich bin nicht anders. Ich bin besonders."

Manchmal spürte ich noch, dass die alte Marie voller Verlustängste und dem Wunsch nach Kontrolle wieder in mir hochkriechen wollte. Aber mein neues Ich, das nach Frieden, Freude und Liebe verlangte, wurde mit Jesu Hilfe immer stärker – dieses neue und wahre Ich, das auch mein Mann schon immer in mir gesehen hatte, der sich nun umso mehr mit mir über die sichtbaren Veränderungen freute. Aber ein großer Schritt auf dem Weg zu meiner inneren Freiheit stand noch aus ...

Ich bete wieder einmal zu Jesus und bin immer noch überglücklich darüber, dass er nun in meinem Leben ist – und dass er für all meine Schuld und all meinen Schmerz ans Kreuz gegangen ist –, als ich plötzlich an die Mörder meiner Familie denken muss. Sofort verdunkelt es sich wieder in meinem eben noch so frohen Herzen und der alte Hass und die gesamte angestaute Wut und Bitterkeit wollen es zurückerobern.

Alles in mir zieht sich zusammen und wird eng. Ich weiß, dass das früher der Moment gewesen wäre, in dem ich wieder dichtgemacht, mich hinter meiner Ehrfurcht versteckt und die Aggression einfach weggedrückt hätte. Doch ich weiß auch, dass das jetzt keine Option mehr sein kann. Denn jetzt ist etwas anders: Ich habe Jesus mein Herz gegeben. Mehr noch: mein ganzes Leben. Und das heißt, dass ich seinen Willen suchen und tun möchte. Was dieser Wille ist, das weiß ich leider auch: Dass ich vergebe ...

„Vater, vergib ihnen, denn sie wissen nicht, was sie tun", waren Jesu Worte kurz vor seinem Tod, als er schon qualvoll am Kreuz hing. Plötzlich wird mir bewusst, dass Gott, der Vater, selbst diesen Schmerz kennt, als ihm sein liebster „Familienangehöriger" genommen wurde – und zwar auf grausamste Art und Weise und ohne jedes vorangegangene Vergehen. Und Jesus selbst kennt es, bis aufs Äußerste gequält und gedemütigt zu werden – und brachte es dennoch fertig, seinen Mördern zu vergeben beziehungsweise beim Vater um Vergebung für sie zu bitten.

Tränen steigen mir in die Augen und noch einmal erinnere ich mich an alle Gräueltaten, die sich in mein viel zu junges Herz eingebrannt haben. Das alles sollte ich vergeben? Wirklich?

Unmöglich. Das kann ich nicht. Aber ich will es – weil Jesus es will.

„Jesus, ich WILL vergeben, aber ich kann es nicht. Bitte hilf du mir dabei. Ich gebe es an dich ab", bete ich schließlich. Es muss einen Grund geben, warum Jesus will, dass ich vergebe, auch wenn ich es in diesem Moment noch nicht verstehen kann, aber ich will ihm vertrauen ...

Ich habe seit diesem Moment immer wieder überlegt, ob ich den Mördern meiner Familie inzwischen eigentlich wirklich und endgültig

vergeben habe. Sie standen mir schließlich nie direkt gegenüber und
so konnte ich ihnen auch nie direkt meine Vergebung zusprechen.
Aber ich habe meinen Wunsch, ihnen zu vergeben, Jesus damals vor
die Füße gelegt, und nachdem ich das getan hatte, spürte ich diese
unbeschreibliche und befreiende Heilungskraft, die mein Leben auf so
wunderbare Weise veränderte und mich in den letzten Jahren immer
mehr freisetzte.

Im Wort „vergeben" steckt das Wort „geben". Vergebung heißt
deshalb nicht, dass man nie wieder trauern und weinen darf über
das, was einem angetan wurde, oder dass man nie wieder schlechte
Gedanken oder Gefühle in Bezug auf die Täter haben darf. Aber es
bedeutet, dass man sich dazu entschieden hat – und es immer und
immer wieder tut, diese Menschen an Gott abzugeben. Ihnen nichts
Böses mehr zu wünschen und nicht mehr am geschehenen Unrecht
festzuhalten.

So habe auch ich die Mörder meiner Familie bewusst in Gottes
Hand gegeben, damit mich keine Rachegefühle mehr an sie binden
und all die schrecklichen Dinge, die mir widerfahren sind, keine
Macht mehr über mich haben würden. Ich habe ihnen vergeben, ohne
es ihnen gegenüber konkret ausgesprochen zu haben und konnte in
Frieden weiterleben. Mittlerweile fühle ich tatsächlich keinen Groll
mehr gegenüber den Mördern meiner Familie in meinem Herzen. Ich
bin frei geworden. Das ist für mich das größte Wunder und etwas,
das ich niemals aus eigener Kraft hätte bewirken können. Jesus selbst
hat es in mir bewirkt! Der Gott, dem nichts unmöglich ist …

21. Juli 2018

Es regnet schon den ganzen Tag in Strömen, aber das hat uns nicht davon abgehalten, uns wie geplant an einem See bei Stuttgart zu versammeln. Dort stehen wir nun mit einem Strahlen im Gesicht. Es ist mein Tauftag und den will ich mir nicht vom schlechten Wetter vermiesen lassen. Und das Gute an dem Wetter ist: Wir sind ganz allein hier. Die Badegäste sind lieber zu Hause im Trockenen geblieben. *Gott, du bist genial,* denke ich mir und schmunzle.

Philipp hält mich im Arm. Meine Schwester Yasmine und meine Freundin Feben sind auch dabei sowie Mareike. Sie ist die Freundin von Yasmine und wird mich heute taufen. Ja, heute ist mein Tauftag. Ich kann es selbst kaum glauben! Ich wollte keinen großen Aufwand betreiben und keine große Sache daraus machen. Mir war es einfach nur wichtig, so getauft zu werden wie Jesus, also ganz untertauchend.

Ich wollte mit Jesus ganze Sache machen und mit der Taufe sichtbar mein neues Leben in ihm beginnen. Also habe ich Mareike gefragt, ob sie mich taufen könnte. Sie hat Theologie studiert, geht in eine freie Gemeinde und hat meinen Glauben sehr geprägt. Sie war meine erste Ansprechpartnerin, als ich Jesus begegnet bin, deshalb war es für mich nur logisch, mich nun auch von ihr taufen zu lassen.

Vor ein paar Monaten bin ich aus der Landeskirche ausgetreten, nachdem ich mich dort weiterhin nicht zu Hause gefühlt hatte. Ich wollte für mich persönlich einen Neubeginn und dorthin gehen, wo Gott mich hinführen würde. Das bedeutet nicht, dass man nur außerhalb von Landeskirchen den wahren Glauben finden kann, sondern es war eine ganz persönliche Entscheidung, weil ich hier nicht angekommen war.

Ich bin glücklich in dem Moment, als ich mit Mareike langsam in das noch sonnenwarme Wasser wate. Die Regentropfen prasseln auf mein Gesicht. Die kleinen Steine unter meinen Fußsohlen sind spitz, doch ich gehe trotzdem weiter entschlossen voran. Ich denke nur noch an Jesus und an sein himmlisches Reich und stelle mir vor, wie die Engel gerade jubeln. Mareike taucht mich in das warme Wasser und ich spüre, wie alles von mir abfällt. Negative Gedanken. Grauenvolle Erinnerungen. Unvergebenheit. Bitterkeit. Jahrelang angestaute Wut und Rachegedanken. Alles wird weggewaschen. Als ich wieder auftauche, rufe ich laut „Juhuuu" und umarme Mareike. Am Ufer stehen alle meine Lieben und winken mir zu.

Dann betet Mareike für mich und plötzlich sehe ich vor meinen inneren Augen, wie ein Engel vom Himmel herabkommt und mir einen kleinen Baum in meinen Bauch pflanzt. Und ich denke: „Wow, ich bin schwanger!" Ich schwebe beinahe aus dem Wasser mit einem breiten Lächeln auf meinem Gesicht.

Feben, Philipp und Yasmine umarmen mich. Ich spüre pure Freude in mir und um mich herum. Es ist warm und der Sommerregen fühlt sich wunderschön auf meiner Haut an. Fast wie ein Segensregen. Auf dem Waldweg zurück zum Auto tanzen Mareike und ich und die Freude durchströmt mich.

Es ist noch früh am Morgen. Der Schwangerschaftstest liegt vor mir. Ich traue mich nicht, auf das Ergebnis zu schauen, stattdessen schaue ich mein Spiegelbild an. So viele Tests hatte ich vor meiner Taufe schon gemacht und immer waren sie negativ gewesen. Ich dachte inzwischen schon, ich hätte mir die Vision von dem Engel nur eingebildet und dass ich nun komplett verrückt geworden sei, weil ich mich seitdem so auf dieses Thema fokussiert habe.

Eigentlich wollte ich bis zu meinem Geburtstag mit einem weiteren Schwangerschaftstest warten, damit ich Philipp damit würde überraschen können, falls er positiv wäre. Aber ich habe die Anspannung einfach nicht mehr ausgehalten. Ob meine Vision echt war?

In den vergangenen Jahren habe ich immer gedacht, es könnte sehr schwierig werden, schwanger zu werden, weil meine Gebärmutter aufgrund einer Operation ziemlich vernarbt ist und eine kinderlose Zukunft deshalb eine greifbare Möglichkeit für uns gewesen ist.

Ich atme einmal tief ein und fasse mir dann ein Herz. Mutig blicke ich auf den Schwangerschaftstest und kann mein Glück kaum erfassen: Er ist positiv.

Ich renne aus dem Bad zu Philipp ins Schlafzimmer. Er schläft noch, aber darauf kann ich jetzt keine Rücksicht nehmen. Ich knalle ihm den Schwangerschaftstest auf die Bettdecke, rüttle ihn am Oberkörper und schreie: „Ich bin schwanger!"

Philipp reißt erschrocken die Augen auf: „Was? Was ist? Lass mir kurz Zeit, ich muss aufwachen!" Ich bin so überwältigt vor unendlicher Freude.

174

„Phil, ich bin schwanger! Ich bin tatsächlich schwanger!"

„Oh, Marie. Wir bekommen ein Baby." Ich lege mich zu ihm, wir umarmen uns, lachen und weinen vor unendlicher Freude und riesengroßem Glück.

März 2019

8.18 Uhr. Mit einem kurzen, aber lauten Schrei erblickt sie das Licht der Welt: Unsere Tochter Lea ist geboren! Die Hebamme legt sie mir auf den Bauch, nachdem ich aus der Narkose aufgewacht bin, und ich kann nur immer wieder denken und sagen: **„Danke, Jesus! Danke für dieses Geschenk!"** Ich weine und weine und weine. Vor Erleichterung und Freude und Dankbarkeit. Ein Teil von mir ist auf diese Welt gekommen. Nach allem, was war und nach allem, was ich verloren habe, darf ich nun erleben, wie mein Kind mich einmal „Mama" nennen wird!

Ich betrachte sie inständig. Sie ist so süß, so schläfrig und so wunderschön. Von nun an jeden Tag neben ihr aufzuwachen, wird für mich das größte Geschenk sein, was ich jemals bekommen habe. Sie ist schon jetzt mein großes Lebensglück und all mein Dank dafür gilt Jesus. Er hat mir zum zweiten Mal ein neues Leben geschenkt – und dieses Mal kann ich es sogar in meinen Armen halten. Ich fließe über vor bedingungsloser Liebe für dieses kleine Geschöpf – mein Kind – und auf einmal begreife ich noch viel tiefer, wie groß die Vaterliebe Gottes zu mir sein muss! Ich bin ergriffen von diesem doppelten Wunder, das mein himmlischer Vater mir geschenkt hat: dass ich lebe. Und dass ich neues Leben schenken durfte.

175

Persönliche Schlussworte

Ich habe 23 Jahre lang mit Gott gerungen und gekämpft, weil ich nie verstehen konnte, wie er das Leid in meinem Leben und in Ruanda allgemein zulassen konnte. Als ich dann in einem fremden Land, ohne meine leiblichen Eltern, heranwuchs und mich zunächst nirgendwo so richtig zugehörig fühlte, wusste ich nicht mehr, wer ich bin und was ich kann. Falsche Glaubenssätze bestimmten von nun an mein Leben. Ich fühlte mich oft leer und unverstanden und sah keinen Sinn in meinem Leben. Ich war unzufrieden und voller Schuldgefühle – weil ich überlebt hatte und andere nicht. Ich verstand es einfach nicht.

Als ich Jesus dann begegnete, brach mit ihm die Kraft der Gnade in meinem Leben aus. Die Stimme, die mich in Ruanda in die Freiheit geführt hatte, war die Stimme meines himmlischen Vaters gewesen. Und durch Jesus konnte ich nun jederzeit zum Vater kommen. Zu meinem himmlischen Vater, der mich heilen möchte, der mich nie im Stich gelassen hat und der mich durch mein ganzes Leben getragen hat und tragen wird.

Durch Jesus lerne ich viel. Ich lerne, wie wichtig geistliches Wachstum ist und dass es weniger darauf ankommt, wie ich selbst die Dinge sehe, sondern wie *er* sie sieht. Jesus zeigt mir seinen und meinen himmlischen Vater, der mich liebevoll in seine Gemeinschaft aufgenommen hat, in seine Königsfamilie.

Ich lerne, Gott aufrichtig zu lieben – und nicht nur Ehrfurcht vor ihm zu haben –, indem ich offen und ehrlich zu ihm bin. Ich lerne, ihm zu vertrauen und ihm die Entscheidungen zu überlassen beziehungsweise immer nach seinem Willen zu fragen. Ich führe täglich Gespräche mit ihm und erlebe immer wieder, wie er mir meine Fragen beantwortet. Mal ganz direkt und offensichtlich, manchmal anders als erwartet und nur wie durch ein leises Flüstern. Aber Gott spricht. Immer.

Ich kann die Liebe, die ich heute für meinen himmlischen Vater, meinen Retter und meinen Gott empfinde, nicht in Worte fassen und bin so dankbar, ihn zu kennen. Und ich bin dankbar, andere Menschen kennengelernt zu haben, die ebenfalls mit Jesus unterwegs sind. Ich habe eine starke Gebetsgruppe und eine Gemeinschaft mit tiefem, geistlichem Austausch geschenkt bekommen, und ich bin Mitglied der Kanguka-Gemeinde geworden, deren Gottesdienste ich online verfolge. Außerdem bin ich sehr dankbar für meinen Pastor, der mich stets begleitet. Wir tauschen uns regelmäßig über das Wort Gottes aus und ich darf meinen Gott immer besser kennenlernen.

Es ist im Leben nichts perfekt, auch heute nicht, aber ich habe gelernt, dass kein Hindernis zu groß ist für meinen Gott. Ich bin dankbar für mein Leben, selbst wenn es unvollkommen ist und manche Dinge nicht so sind, wie ich sie gerne hätte.

Ich beginne immer noch jeden Tag mit Jesus und liebe diese Verbindung, die ich dadurch mit ihm habe. Ich danke ihm jeden Tag für Lea, für Philipp und für meine ganze Familie. Er ist meine Rettung, mein Heil, mein Leben und meine Zukunft. Und er ist mein Gott, mit dem ich jeden Riesen besiegen kann!

Heute, viele Jahre später, verstehe ich, warum mein Papa mir damals die Geschichte von den Riesen erzählt hat, als ich noch ein kleines Mädchen war. Er hatte versucht, mir dadurch seinen Glauben zu vermitteln – auf kindliche Weise, damit ich es verstehen kann. Im Laufe meines Lebens bin ich seitdem schon sehr vielen Riesen begegnet, aber mit Gottes Hilfe sowie der Hilfe von Menschen, die er mir zur Seite gestellt hat, wurde es mir möglich, diese Riesen zu besiegen. Und in Gott selbst fand ich einen wunderbaren, unbeschreiblich großartigen Vater, der über allem steht.

Durch das Schreiben dieses Buches wurde in mir, ohne es vorher geahnt zu haben, noch mal ein Heilungsprozess in Gang gesetzt. Ich musste mich noch einmal bewusst und intensiv zurückversetzen in die schmerzhafteste Zeit meines Lebens – und das hat all die grausamen Details und Bilder wieder in mir hochgeholt.

Wenn es während des Schreibprozesses einmal schwierig wurde und ich auf Hindernisse stieß, wusste ich jedoch, dass mein inneres Wachstum nur noch größer sein würde, nachdem ich mit Gottes Hilfe die Hindernisse aus dem Weg geräumt haben würde. Und tatsächlich wurde meine Beziehung zu Jesus dadurch noch stärker und intensiver.

Ich konnte alte, ungesunde Glaubenssätze entlarven und zerstören und stattdessen immer mehr das annehmen, was Gott über meinem Leben ausspricht. Und in all dem zeigte mir Jesus, wie wichtig es ist, ihm gegenüber wirklich ehrlich zu sein – mit all den Emotionen, die bisweilen noch einmal aufbrachen. Ja, ich öffnete mich ihm gegenüber noch mehr als vorher und spürte dadurch eine noch tiefere Verbundenheit mit ihm sowie seine schützende Hand über mir und meiner ganzen Familie. Mir wurde durch den intensiven Rückblick ganz neu bewusst, wie Jesus in den letzten Jahren aus meinem zerbrochenen Selbst immer mehr die wert- und würdevolle und vor allem heile Person geformt hat, die er schon immer in mir gesehen hat.

Durch das Aufschreiben meiner Geschichte habe ich noch einmal viel mehr über mich selbst erfahren und mich noch intensiver mit meiner Geschichte und meiner wahren Identität beschäftigt. Die Fragen „Wer bin ich?" und „Was möchte ich?" die mich schon beinahe mein ganzes Leben umhertrieben, rückten wieder verstärkt in den Vordergrund. Doch – Gott sei Dank – habe ich nun eine endgültige Antwort auf sie gefunden: Ich bin nicht Marie, die den Genozid überlebte; Marie, das traumatisierte Kind; Marie, die eifersüchtige Ehefrau oder Marie, die Schwarze mit dem schwäbischen Akzent. Nein, ich bin Marie, die geliebte Tochter Gottes, bei dem es kein Ansehen der Person gibt, nur bedingungslose Liebe und Annahme!

Und ich merke, wie sich diese neue, endlich gefundene Identität immer stärker in meinem Alltag widerspiegelt – und dass Gott mich Tag für Tag liebevoll weiterführt, -formt und -heilt.

Während des gesamten Schreibprozesses spürte ich seine tiefe Liebe zu mir, und als es zwischenzeitlich noch einmal wehtat, war da wieder diese inzwischen so vertraute Stimme, die mir liebevoll zuflüsterte: „Es ist in Ordnung, mein Kind. Du darfst nun weitergehen!"

Liebe Leserin, lieber Leser,

mein Buch ist hier zu Ende, und wenn es eine Sache gibt, die ich mir von Herzen wünsche, dann die, dass du nun sagen kannst: „Wenn ein Mensch DAS vergeben konnte, dann kann auch ich vergeben, was mir angetan wurde. Und wenn Marie DIESEN Schmerz überwinden und hinter sich lassen konnte, dann kann auch ich es mit Gottes Hilfe schaffen, ein neues, erfülltes Leben anzufangen."

Genau dafür habe ich meine Geschichte aufgeschrieben, und es ist mein Gebet, dass du durch sie den (besser) kennenlernst, der auch dir voller Liebe zuruft: „Steh auf, mein Kind, und geh!"

Aktuelle Lage

RUANDA HEUTE

Heute wird in Ruanda Einheit beschworen, es gibt offiziell keine Hutu oder Tutsi mehr. Trotzdem ist jeder im Land irgendwie vom damaligen Völkermord betroffen. Man hat überlebt oder jemanden verloren. Man wohnt neben den Nachfahren der Mörder oder im selben Dorf mit jemandem, der die eigene Familie getötet hat, oder aber man muss sich mit eigener Schuld konfrontieren. Das Trauma und die Wunden sitzen tief und der Schmerz ist noch groß, aber der Wunsch nach Heilung, Zukunft und Vergebung auch.

Ruanda war früher schon das „Land der 1000 Hügel" – grün und mit besonders fruchtbaren Feldern. Jetzt gilt es außerdem als eines der saubersten und korruptionsfreisten Länder Afrikas mit einem modernen Straßen- und Mobilfunknetz. Ruanda ist ein Land, das in jeglicher Hinsicht viel durchgemacht hat, aber auch eines, das gelernt hat, wieder aufzustehen und weiterzugehen.

Saraphina wohnt immer noch in Giheke in einem kleinen Haus. Sie wird dort sehr respektiert. Sie unterstützt viele Menschen mit sehr viel Liebe und Freude. Sie betet viel und ist ein Engel auf Erden.

Mamy lebt in Belgien mit ihrem Mann und ihrer wunderschönen Tochter. Sie ist sehr selbstbewusst, intelligent und steht mitten im Leben.

Jeanne de Chantal ist verheiratet und lebt in Belgien.

Bernadette hat zwei Kinder und lebt ebenfalls in Belgien.

Lili lebt in Kanada, ist verheiratet und hat zwei Kinder.

Lou lebt inzwischen in Amerika.

Jean-Joseph lebt in Giheke, ist verheiratet und hat neun Kinder. Beruflich fährt er Taxi-Motorrad.

Faina lebt in Giheke im gleichen Haus wie damals. Sie ist gläubig, herzlich und liebevoll.

Darius ist inzwischen gestorben.

Theresia lebt im Nachbardorf, ist verheiratet und hat ebenfalls Kinder.

Matayo, der Mörder, wurde lebenslänglich verurteilt.

Danksagung

Ich habe nie aufgehört, weiterzugehen in meinem Leben und das verdanke ich zu großen Teilen meiner wunderbaren Tochter. Lea, du bist für mich die größte Hilfe in menschlicher Form, die Gott mir zur Seite gestellt hat. Du bist ein kluges, sportliches und lustiges Mädchen. Du singst gern und bist sehr einfühlsam. Ich bin jeden Tag dankbar für dich. Es ist für mich das größte Geschenk, dass ich diese Mutterliebe trotz meines schweren Verlustes erfahren und weitergeben darf. Und ich bin so dankbar für meine liebe, große Familie! Danke, dass ihr immer für mich da wart. Voller Liebe und Verständnis! Danke an all die lieben Menschen, die mich immer unterstützt und gehalten haben, die mich aufgenommen und sogar ihr Leben für mich riskiert haben. Meine Dankbarkeit kann ich kaum in Worte fassen.

Ich danke Philipp, der Liebe meines Lebens und dem umwerfendsten Mann, den ich finden konnte, für seine Stärke, sein Anfeuern, seine Unterstützung und seine Liebe. Danke, dass du immer an meiner Seite bist und ich an deiner Seite Heilung finden konnte. Du bist mein Geschenk des Himmels!

Ich danke allen Freunden, die mir nah sind, die mich auch in schwierigen Zeiten ausgehalten, aber auch mit mir gelacht und getanzt haben.

Ich danke meiner ganzen Schwiegerfamilie. Ich fühle mich bei euch frei und gleichzeitig aufgefangen. Ihr seid Familie! Ich danke Nora, meiner Schwägerin, die sich so liebevoll um Lea kümmert.

Ich danke Oma Gerda, die mich immer zum Lachen gebracht hat. Ich werde nie vergessen, wie sie mir beim Deutsch lernen geholfen hat, als ich neun Jahre alt war und wir so oft den Satz „Ich bin satt" wiederholten, dass wir nicht aufhören konnten zu lachen. Auch die gemeinsamen Gebete mit dir haben mir immer sehr gutgetan.

Danke auch an Serge, Annelyse, Aline und an die ganze Familie, ihr seid ein Teil meines Herzens! Ihr habt mir immer ein Stück von Ruanda nach Deutschland gebracht mit euerm Wissensschatz über die neuste Mode und die angesagtesten Songs und Sprüche. Ihr wart die ersten Kinder aus Ruanda, die ich damals in Deutschland wiedergetroffen habe. Eure Freundschaft hat mir immer sehr gutgetan. Ihr seid nicht nur Freunde, sondern Familie für mich geworden!

Außerdem danke ich Françoise, Michael und Musoni Vedaste, die mir eine so große Hilfe beim Schreiben dieses Buches waren.

Mein herzlicher Dank gilt auch Daphrose und dem kompletten Gebetsteam, das sieben Tage am Stück für dieses Projekt gebetet hat – und auch darüber hinaus immer wieder für mich und dieses Buch vor Gott einsteht. Von Herzen Danke an euch!

Ich danke Gerth Medien, dem Verlag, der auf Gottes Stimme gehört und mir die Möglichkeit gegeben hat, meine Geschichte zu veröffentlichen. Das Wort „Verlag" ist so ein abstrakter Begriff – ich danke jedem einzelnen Mitarbeiter und jeder einzelnen Mitarbeiterin. Ich bin zutiefst gerührt, wie respektvoll das Miteinander während des gesamten Projekts lief, von dem Lektoratsteam bis hin zur Fotografin meines Cover-Shootings. Danke an Anette, die alles in die Wege geleitet hat! Und ein ganz besonders großes Dankeschön geht an das Dreamteam Priska und Désirée. Ihr Lieben, ihr seid für mich mehr als nur „Kolleginnen" geworden. Ich fühle die starke Verbundenheit zu euch. Meine liebe Priska, ich danke dir für alles! Ich danke euch allen von ganzem Herzen.

Mein größter Dank gilt jedoch Gott. Er hat mich aus meinem persönlichen Inferno herausgeführt. Ohne Gott und seine unglaubliche Vergebungskraft würde ich die Menschen, die meiner Familie dieses Leid angetan haben, immer noch hassen und wäre gefangen von Rachegefühlen und Wut. Der Glaube, den du mir geschenkt hast, hat mich gerettet. Danke, Jesus, für deine Liebe zu mir! Danke, dass du mich geheilt hast und dass ich vergeben und endlich frei werden konnte. Danke für das ewige Leben, das du mir schenkst! Bei dir bin ich endlich angekommen.

Glossar

Bukavu
Ist eine Stadt im Osten der Demokratischen Republik Kongo und liegt direkt an der Grenze zu Ruanda. Circa 700.000 Einwohner leben hier.

Burundi
Burundi ist einer der kleinsten Staaten Afrikas und grenzt an Ruanda. Die Hauptstadt ist Bujumbura. Der Flughafen liegt etwa 11 Kilometer außerhalb der Hauptstadt.

Cadette
Ist Französisch und bedeutet übersetzt „Jüngste". Cadette ist Maries Spitzname in Ruanda, weil sie die Jüngste unter ihren Geschwistern ist. Eine echte Nachzüglerin.

Cyangugu
Ist ein Bistum einer römisch-katholischen Diözese und eine Region am Kivusee, etwa 200 Kilometer südwestlich der Hauptstadt Kigali. Sie liegt an der Grenze zur Demokratischen Republik Kongo.

FPR

Auf Deutsch RPF „Ruandische Patriotische Front". Die RPF gründete sich in Uganda aus Nachfahren ruandischer Tutsi-Flüchtlinge. Die RPF übernahm 1994 die Herrschaft in Ruanda und wurde Regierungspartei. Paul Kagame wurde Präsident.

Giheke

Das kleine Dorf liegt in der Region Cyangugu und gehört seit 2006 zur Westprovinz Ruandas. Die wichtigsten Erwerbszweige sind Ackerbau und Viehzucht, da die Böden dort sehr fruchtbar sind.

Igitenge

Ist ein Kleidungsstück für den Alltag. Es ist ein Stoff, der als Rock gebunden wird. Dazu trägt man eine Bluse. Im Gegensatz dazu ist Imishanana eine Art Sari mit sehr schönen Farben, den man zu besonderen Anlässen aus dem Schrank holt – zum Beispiel für traditionelle Hochzeiten, den Kirchbesuch oder Ähnliches.

Interahamwe

Der Begriff bedeutet auf Kinyarwanda „diejenigen, die zusammen kämpfen". Ursprünglich war Interahamwe eine Kampforganisation der Staatspartei, die in der Regierungszeit von Juvénal Habyarimana gegründet wurde. Sie entwickelte sich zu einer der wichtigsten Kräfte der extremistischen Hutu. Während des Völkermordes an den Tutsi ermordeten und verstümmelten sie hunderttausende Menschen mit Macheten und Knüppeln. Sie errichteten an allen wichtigen Straßen Barrieren, um alle Tutsi, die zu fliehen versuchten, zu ermorden.

Nach dem Völkermord an den Tutsi 1994 flüchteten viele Interahamwe in die Demokratische Republik Kongo.

Isombe

Isombe ist eine Art Maniok, doch im Gegensatz zum herkömmlichen Maniok werden bei Isombe die Blätter der Pflanze mitgegessen. Daher gilt Isombe als Gemüse.

Kamembe

Ist die Hauptstadt der Region Cyangugu. Die Stadt liegt am Kivusee und an der Grenze zur Demokratischen Republik Kongo.

Katima Mulilo

Liegt im Nordosten Namibias und ist Regionalhauptstadt im Caprivi-Zipfel. Sie ist Grenzstadt nach Sambia, liegt am Südufer des Flusses Sambesi und hat etwa 28.000 Einwohner. Katima ist 1250 km von Windhoek entfernt.

Kigali

Ist die Hauptstadt Ruandas und mit über 1 Million Einwohnern auch die größte. Seit 2015 gilt sie als sauberste Hauptstadt Afrikas. Direkt am Äquator gelegen ist das Wetter hier ganzjährig sehr mild.

Kivusee

Der Kivusee ist 89 Kilometer lang und 48 Kilometer breit. Das Besondere an dem See ist, dass sowohl die Temperatur des Wassers als auch der Salzgehalt mit zunehmender Tiefe steigen. Ursache dafür sind vulkanische Quellen aus dem Untergrund.

Maniok
Ist eine Pflanze. Hauptsächlich wird ihre Wurzelknolle als Nahrungsmittel verwendet.

Sprachen
In Ruanda spricht man Kinyarwanda, im Kongo Suaheli, in Burundi Kirundi und in Namibia ist die Amtssprache Englisch.

Windhoek
Ist die Hauptstadt Namibias und das politische und wirtschaftliche Zentrum des Landes. Früher war die Stadt eine deutsche Kolonie. Windhoek gilt aufgrund der sozialen Sicherheit und dem friedlichen Miteinander der namibischen Volksgruppen als vorbildhaftes Sozialmodell für afrikanische Großstädte.

© 2021 Gerth Medien in der SCM Verlagsgruppe GmbH,
Dillerberg 1, 35614 Asslar

Wenn nicht anders angegeben, wurden die Bibelstellen
der folgenden Übersetzung entnommen:
Hoffnung für alle®, Copyright © 1983, 1996, 2002, 2015 by Biblica Inc.®.
Verwendet mit freundlicher Genehmigung von Fontis – Brunnen Basel.
Alle weiteren Rechte weltweit vorbehalten.

1. Auflage 2021
Bestell-Nr. 817729
ISBN 978-3-95734-729-9

Umschlaggestaltung: Mareike Schaaf
Umschlagfoto: Rahel Täubert
Karte: unter Verwendung von Shutterstock
Satz: Uhl + Massopust, Aalen
Lektorat: Désirée Wiktorski
Druck und Verarbeitung: GGP Media GmbH, Pößneck
Nachdruck, auch auszugsweise, nur mit Genehmigung des Verlages.

Printed in Germany